本书荣获安徽省第十五届精神文明建设“五个一工程”特别奖

话说红色金寨

曹能求　胡遵远　檀江林　主编

合肥工业大学出版社

图书在版编目(CIP)数据

话说红色金寨/曹能求,胡遵远,檀江林主编 . —合肥:合肥工业大学出版社,2018.7(2021.11 重印)
ISBN 978-7-5650-4059-7

Ⅰ.①话… Ⅱ.①曹…②胡…③檀… Ⅲ.①革命史—金寨县 Ⅳ.①K295.44

中国版本图书馆 CIP 数据核字(2018)第 148350 号

话说红色金寨

曹能求 胡遵远 檀江林 主编 责任编辑 何恩情

出 版	合肥工业大学出版社	版 次	2018 年 7 月第 1 版
地 址	合肥市屯溪路 193 号	印 次	2021 年 11 月第 5 次印刷
邮 编	230009	开 本	710 毫米×1010 毫米 1/16
电 话	综合编辑部:0551-62903028	印 张	17.75
	市场营销部:0551-62903198	字 数	239 千字
网 址	www.hfutpress.com.cn	印 刷	安徽联众印刷有限公司
E-mail	hfutpress@163.com	发 行	全国新华书店

ISBN 978-7-5650-4059-7 定价:40.00 元

如果有影响阅读的印装质量问题,请与出版社市场营销部联系调换。

2016年4月24日，中共中央总书记、国家主席、中央军委主席习近平视察金寨时指出：

“一寸山河一寸血，一抔热土一抔魂。回想过去的烽火岁月，金寨人民以大无畏的牺牲精神，为中国革命事业建立了彪炳史册的功勋，我们要沿着革命前辈的足迹继续前行，把红色江山世世代代传下去。革命传统教育要从娃娃抓起，既注重知识灌输，又加强情感培育，使红色基因渗进血液、浸入心扉，引导广大青少年树立正确的世界观、人生观、价值观。”

2016 年 4 月 24 日，中共中央总书记、国家主席、中央军委主席习近平在安徽省六安市金寨县红军广场向革命烈士纪念塔敬献花篮（新华社记者 摄）

2016年4月24日，习近平总书记参观金寨县革命博物馆（新华社记者 摄）

2016 年 4 月 24 日，习近平总书记来到金寨县花石乡大湾村，
与人民群众在一起（新华社记者 摄）

2016 年 4 月 24 日下午，中共中央总书记、国家主席、中央军委主席
习近平在金寨县花石乡大湾村村民陈泽申家同村民亲切交流（徐国康 摄）

金寨县革命博物馆

邓小平

金寨县烈士
纪念館

江澤民

没有革命的武装，

就没有人民的地位！

——纪念黄麻起义

五十周年！

李先念

一九七七年

十月十七日

永世不忘金寨人民对
中国革命建设的贡献

吴邦国

二〇一二年六月十九日在金寨

金寨革命烈士纪念塔

燎原星火

劉伯承敬題

一九六四年五月一日

立夏節起義的

烈士们永垂不朽！

徐向前

一九七九年十月五日

金寨县红军
纪念堂

洪学智题
一九九一年十一月二十日

全国重点烈士纪念建筑物保护单位
金寨县烈士陵园
中华人民共和国国务院
一九九六年三月三十一日批准
中华人民共和国民政部一九九六年四月十二日公
安徽省人民政府二〇〇二年十月

金寨县烈士陵园

金寨县革命博物馆（邓小平题词）

金寨县革命烈士纪念塔（刘伯承题词：燎原星火）

金寨县红军纪念堂

金寨县红军广场

序

2016年4月24日，中共中央总书记、国家主席、中央军委主席习近平视察金寨时，深情地说：“一寸山河一寸血，一抔热土一抔魂。回想过去的烽火岁月，金寨人民以大无畏的牺牲精神，为中国革命事业建立了彪炳史册的功勋，我们要沿着革命前辈的足迹继续前行，把红色江山世世代代传下去。革命传统教育要从娃娃抓起，既注重知识灌输，又加强情感培育，使红色基因渗进血液、浸入心扉，引导广大青少年树立正确的世界观、人生观、价值观。”

为更好落实习近平总书记的重要讲话精神，安徽省大别山革命历史研究会组织有关专家、学者编写了社科普及读物——《话说红色金寨》，面向社会各界特别是广大青少年，进行革命传统教育，弘扬革命文化，传承红色基因。

金寨县地处鄂豫皖三省结合部，是中国革命的重要策源地，人民军队的重要发源地。从1920年开始，研读马克思主义和进步书刊的“马克思主义学习小组”“豫皖青年学会”“马克思主义学习研究会”“青年读书会”“新文化研究会”等组织，在境内一些学校和进步的知识分子中相继建立。1920年，革命青年蒋光慈加入了中国社会主义青年团，1922年加入中国共产党，成为中国最早的共产党员之一。1924

年，建立了中国共产党基层组织，至1927年，金寨境内建立中共特支和支部7个、党员30多人。他们利用各种形式，宣传马克思主义，发动农民成立农民协会，开展减租减息运动，领导人民群众进行反帝反封建斗争。

土地革命初期，鄂豫皖边区暴发三大武装起义，两次发生在金寨，金寨是中国工农红军第十一军第三十二师、第三十三师和红二十五军的发祥地，先后诞生了10多支师（旅）以上成建制的红军队伍，是红四方面军的主要组成部分。在参加长征的4支红军队伍中，两支红军（红四方面军、红二十五军）主要发源于金寨。红二十五军奉命北上抗日，转战中原地区，历时10个月，战胜了数十倍于己的敌人，成为长征4支队伍中最先到达陕北的先锋队，为迎接党中央和中央红军到达陕北创建根据地，做出了重要贡献。中共豫南道委、道区苏维埃政府，中共皖西北道委、道区苏维埃政府以及周边近10个县县委、县苏维埃政府，都先后在金寨县境内建立或办公，金寨又是鄂豫皖革命根据地的核心区域。金寨还是红色经典歌曲《八月桂花遍地开》的诞生地。

抗日战争时期，国民党安徽省政府及二十一集团军军迁驻金家寨，中共安徽省工委、豫皖区党委、皖西省委、立煌市委、立煌县委，在金寨领导全省和鄂豫皖边区人民开展抗日救亡运动，金寨成为安徽及鄂豫皖边区的抗战指挥中心。

解放战争时期，刘邓大军挺进大别山，开辟大别山根据地，拉开了人民解放战争由战略防御向战略进攻转变的序幕。邓小平领导的前方指挥所驻扎在金寨下楼房，金寨是刘邓大军千里挺进大别山的重要落脚地和指挥中枢。

在各个历史时期，金寨有10多万英雄儿女参军参战，在革命的烽火硝烟中，绝大多数血洒沙场、马革裹尸，新中国成立后幸存的老红军仅700余人，有1.1万余人被追认为革命烈士。家家出红军，

户户有烈士，山山埋忠骨，岭岭铸英魂。在革命斗争的枪林弹雨中，淬炼成59位中华人民共和国开国将军。金寨被誉为“红军的摇篮，将军的故乡”。

在那腥风血雨的革命战争年代，金寨人民以大无畏的牺牲精神，浴血奋战、前赴后继，虽然有人身陷囹圄、有人遭受酷刑、有人被锁骨游街，有人被活埋、有人被“挂画”（即用铁钉把活人钉在城门上示众），等等。但是他们毫无惧色、视死如归，表现出共产党人不忘初心、牢记使命的坚定信念，无怨无悔、百折不挠的革命意志，震撼天地、气吞山河的英雄气概，生动展示了中国共产党人的精神特质。

金戈铁马、身经百战的共和国将军们，他们在革命战争中九死一生、功勋卓著；在社会主义革命和建设时期，仍然继续保持艰苦奋斗的优良作风。比如，两膺上将洪学智，曾两度掌印三军总后勤工作。1949年10月14日，他用津贴在广州购买了一床毛巾被，走到哪盖到哪，一直延用了六十年。又如被誉为“三让”将军的徐立清，本应授予上将军衔，但他却多次恳求高衔低授，是全军唯一自降军衔的将军。他们身上彰显了老一辈无产阶级革命家无私奉献、淡泊名利的宽广胸怀和高风亮节。再如百岁将军詹大南，退休后倾其多年积蓄，并在子女们的支持下，筹资10万元为贫困山区捐建一所希望小学。表现出革命前辈深厚的人民情怀和为党育人、为国育才的远见卓识。

自古英雄出少年。本书介绍的四位少年英雄，虽然稚气未脱，但是革命斗志十分顽强，疾恶如仇、同仇敌忾。他们无私无畏、勇敢机警，有的效死传送情报，有的与顽敌同归于尽，有的坚贞不屈被敌人活埋……谱写出一曲曲可歌可泣、感人肺腑的英雄赞歌。

党的十八大以来，习近平总书记高度重视革命传统教育，身体力行，走遍全国革命老区，两次到古田，三次上井冈山，多次瞻仰中共一大会址。习总书记千叮咛万嘱咐，要让红色基因、革命薪火代代传承。2017 年 10 月 31 日，党的十九大闭幕后，习近平总书记带领中共中央政治局常委专程赶赴上海和浙江，瞻仰中共一大会址和南湖红船。习总书记动情地说，这里是我们党的根脉。2021 年 3 月 1 日，习近平总书记在中央党校（国家行政学院）中青年干部培训班开班仪式上发表重要讲话强调："不论过去、现在还是将来，党的光荣传统和优良作风都是激励我们不畏艰难、勇往直前的宝贵精神财富。"

2021 年 6 月 25 日，在庆祝中国共产党成立 100 周年之际，中共中央政治局就用好红色资源、赓续红色血脉进行第三十一次集体学习。习近平总书记在主持学习时强调："红色资源是我们党艰辛而辉煌奋斗历程的见证，是最宝贵的精神财富。红色血脉是中国共产党政治本色的集中体现，是新时代中国共产党人的精神力量源泉。"习近平总书记说："我到地方考察，都要瞻仰对我们党具有重大历史意义的革命圣地、红色旧址、革命历史纪念场所，主要的基本上都走到了。每到一地，重温那一段段峥嵘岁月，回顾党一路走过的艰难历程，灵魂都受到一次震撼，精神都受到一次洗礼。每次都是怀着崇敬之心去，带着许多感悟回。"

坚贞忠诚、英勇奋斗、舍生忘死等革命传统是最好的精神营养剂和心灵净化剂。心中有信仰，脚下有力量。进行革命传统教育，让广大党员干部补足精神之钙，坚定理想信念，锤炼初心，牢记使命，增强"四个意识"，坚定"四个自信"，做到"两个维护"，自觉践行社会主义核心价值观，与党中央同心同向，与人民同梦同行，为国家谋富强，为人民谋福祉，为民族谋复兴，为世界谋发展，为实现伟大的中国梦、为构建人类命运共同体顽强拼搏、砥砺前行。

木受绳则直，金就砺则利。广大青少年正处在"生根发芽""拔节孕穗"的成长时期，也是培元固本、立德树人的关键时期。进行革命传统教育，是培养"担当民族复兴大任的时代新人"的需要，是塑造"可堪大用能担重任的栋梁之才"的需要。习近平总书记强调："一切向前走，都不能忘记走过的路；走得再远、走到再光辉的未来，也不能忘记走过的过去，不能忘记为什么出发。”要让广大青少年了解中国革命的艰难历程，懂得今天的幸福来之不易，敬慕革命前辈，缅怀革命先烈，传承革命薪火，赓续红色血脉，让红色基因渗进血液、浸入心扉，自觉抵制各种不良思想的侵蚀和诱惑，树立正确的世界观、人生观、价值观，坚定听党的话，永远跟党走。当今世界，知识日新月异，新技术层出不穷。进行革命传统教育，要使广大青少年倍加珍惜今天的大好时光，努力学习，发奋图强，感恩社会，报效国家，成为有理想、有本领、有作为、有担当的社会主义建设者和接班人。

本书共六篇。第一篇为史话。高度浓缩新民主主义革命时期金寨人民革命斗争史。在中国共产党领导下，金寨人民揭竿而起，举行武装暴动，星星之火渐成燎原之势，掀起了波澜壮阔的革命斗争热潮。成立工农红军，建立农民武装，成立苏维埃政府，打土豪分田地，五次反“围剿”，三年游击战争，国共合作抗日，刘邓大军千里挺进大别山，两年剿匪斗争，等等。纵横 28 年，革命红旗不倒。

第二篇至第五篇为史歌。本书采用讲革命故事形式，重点颂扬在土地革命战争时期，金寨县境内革命斗争的重大事件与主要发起者和指挥者。如两次武装暴动，建立十二支红军队伍。讴歌名垂青史、铮铮铁骨蒋光慈、詹谷堂、周维炯、刘仁辅、桂月峰、袁成松、林英安、廖赤健、白涛、胡继庭、吴国璋，以及少年英雄张咏梅、廖业红、胡小五、杜志强等革命烈士。赞颂受过毛泽东、周恩来、邓小平等接见、称赞的洪学智、徐立清、林维先、皮定均、陈先瑞、宋承志、方子翼、陈宏、张贻祥、肖全夫、詹大南等开国将军。

第六篇为史论。大别山精神与伟大的建党精神、井冈山精神一脉相承，是我们党宝贵的精神财富，像光芒四射的灯塔，永远照亮我们继续前行的伟大征途。

十年树木，百年树人。广大青少年是党和国家未来的主力军、生力军，是民族的希望。本书以史实为依据，以育人为宗旨，内容丰富，资料翔实，是对广大青少年进行革命传统教育弥足珍贵的精神食粮。春风化雨，成风化人。我们热忱希望广大读者、特别是莘莘学子能够从书中收获启迪和感悟，不忘初心使命，坚守理想信念，以实现中华民族伟大复兴为己任，挺起共产党人精神脊梁，不负时代，不负韶华，不负党和人民的殷切期望，为全面建成社会主义现代化强国不断谱写新辉煌。

安徽省大别山革命历史研究会党支部书记、研究员：曹能求

2021 年 9 月 30 日

MU LU 目录

第一篇　燎原星火燃金寨

大别山雄踞中原，横跨鄂豫皖三省，是长江、淮河的分水岭，东视沪宁，西望武汉，诸峰纵横盘结，为历代兵家逐鹿中原必争的战略要地。

金寨县地处大别山腹地，与安徽六安市的裕安、叶集、霍山，河南的商城、固始，湖北的麻城、罗田、英山等8个县（区）毗邻，自古就有“鸡叫狗咬听三省”的民谚。

1932年9月，红四方面军第四次反“围剿”失利，国民党军卫立煌部进占金家寨镇，为加强其反动统治和对红军的“围剿”，国民党政府从安徽六安、霍邱、霍山和河南商城、固始等5县辖区各划出一部分，始设县治，称立煌县，县政府设在金家寨镇，初属河南省，1933年改属安徽省管辖。1947年9月上旬，刘伯承、邓小平部攻克立煌县城，建立民主政权，将立煌县更名为金寨县。

金寨有着光荣的革命斗争历史，是我们党重要建党基地，是“中国革命的重要策源地，人民军队的重要发源地”。早在建党初期，金寨就建立了党的支部、特支、特别区委。第二次国内革命战争期间，鄂豫皖边区三大革命武装起义中的立夏节起义、六霍起义主要在金寨境内爆发；最早建立的3支红军队伍中，有2支在金寨境内组建，金寨由此发展成为鄂豫皖苏区的中心区域。抗日战争时期，鄂豫皖边区红军和游击队改编为新四军第四支队，东进抗日，成为皖中一支重要的抗日武装力量；中共安徽省工委、鄂豫皖边区党委、皖西省委在金寨领导了轰轰烈烈的抗日救亡运动，安徽省民众总动员委员会主要活动也在金寨境内。解放战争期间，刘邓大军“千里挺进大别山”，金寨是人民军队实施战略转移的重要基地和大别山根据地的重要区域。

一、晨曦初显

1917 年，俄国十月革命胜利后，马克思列宁主义开始在中国传播。1919 年五四运动爆发，在六安、安庆、芜湖、武汉等地任教和读书的金寨籍知识分子桂月峰、桂伯炎、蒋光慈、郑鼎（李云鹤）、葛鲁生等，积极参加组织“外争国权、内惩国贼”的游行示威活动。1919 年 5 月至 6 月间，金寨境内的麻埠、流波䃥、南溪、燕子河、斑竹园等地民众举行集会、师生进行游行示威活动，声援五四运动。1920 年 9 月，麻埠烟厂员工首次罢工取得胜利。随后，流波䃥、金家寨等地工人要求提高工资的斗争也同样取得了胜利。

（一）金寨各地成立马克思主义学习组织

经过五四运动的洗礼，金寨许多在外地学习的青年学生不断将马克思主义传入金寨。金寨境内最早的马克思主义学习组织于 1920 年在霍山县西镇（今金寨县燕子河镇）的燕溪小学建立，领导人是该校校

燕溪小学马克思主义学习小组旧址（现金寨县燕子河镇燕溪村）

长徐狩西和教员刘长青，参与人员包括刘锡凡、郑其代、敖发德、李德甫、杜小木等。他们大多是从安庆、芜湖、武汉等地的学校学成回乡，一边从事教育工作，一边宣传马克思主义。

为了扩大宣传面，马克思主义学习组织积极吸收社会进步知识分子和有一定文化的进步农民，包括刘仁辅、徐育三、徐轩骥等人。学习组织相继发展到20多人，并创办了《醒狮》杂志，评论时政、抨击黑暗势力。该小组成员后来多数成为组织农民运动、领导武装起义的骨干，为立夏节起义和六霍起义的成功举行奠定了思想基础和组织基础。

1921年中国共产党诞生后，金寨一批初步具有共产主义思想的知识分子，如蒋光慈、袁汉铭等人先后入团入党。同年5月，蒋光慈同刘少奇、任弼时等人一起被选派赴莫斯科东方劳动者共产主义大学学习。不久，笔架山农校、志成小学和白沙河禅堂的蚕业学校等地，在詹谷堂、罗志刚、张子敬等进步教师的倡导下，也先后发起学习马克思主义的“读书会”“研究会”，学习研究新文化和马克思主义理论。

1924年底，在武汉读书的詹雨生等利用寒假机会，在金家寨组织了“豫皖青年学会”，团结豫皖边区的商城、固始、六安、霍山、霍邱等县的进步知识分子100多人。袁汉铭、胡攻非等人联合20多名进步知识分子创办了“商城书社”，经营马克思主义理论书籍和进步书刊，并以书社为阵地，成立了“商城学会”。

各地马克思主义学习组织的建立，不仅扩大了马克思主义在金寨地区的传播范围，更有力推动了境内新思想、新文化的传播和农民革命运动的发展。

（二）金寨早期党组织的建立

中共一大召开后，在董必武、陈潭秋的领导下，鄂东黄冈县成立了共产党组织，极大地推动了鄂豫皖边区革命活动的渐次展开。

1924年夏，在莫斯科东方劳动者共产主义大学学习的中共党员蒋

詹谷堂入党感言（1924 年）

光慈回国返乡，发展他的启蒙老师、志成小学詹谷堂加入中国共产党。① 接着，詹谷堂又在该校发展进步老师曾静华、杜孝芬入党，并成立党小组，詹谷堂任组长。詹谷堂在入党宣誓时，即兴在黑板上画了一幅仙女飞向人间播种的画，并即兴抒怀：“漫天撒下革命种，伫（伫）看将来爆发时。”

这副对联表达了詹谷堂对党的革命事业的期待，后来被人镌刻在太平山立夏节起义指挥部穿石庙的两块木板上，并保存至今。

金寨西北角有座山峰，名叫笔架山，山上有一座庙宇，名为笔架山大庙。清末民初，提倡新学。1914 年，在该庙开办“甲种蚕科学校”，后改名为“甲种农业学校”，人们习惯称之为“笔架山农校”。五

① 关于詹谷堂入党，主要有 1922 年、1923 年、1924 年等说法。1922 年说，参见徐楚南《黄麻革命涌洪波一黄麻起义和鄂豫皖苏区革命烈士陵园》（中国大百科全书出版社）；1923 年说，参见中国共产党金寨县委员会编《金寨县革命斗争回忆录一革命的烽火》《烈士詹谷堂》一文（安徽人民出版社 1959 年版），这是金寨县比较早的公开出版的革命历史回忆录介绍的；1924 年说，中共金寨县委党史办公室等编《金寨县革命史（1919—1949）》（安徽人民出版社），参加立夏节起义的王玉田《商南起义》和《金寨红军史》（解放军出版社，2005 年 7 月版）等认为是蒋光慈发展詹谷堂入党的，雷文达等《鄂豫皖苏区教育史》（河南大学出版社，1988 年 3 月版）和《固始县志成学校简史》（1986 年 11 月初稿，1988 年 10 月修改稿）都认为是蒋光慈、袁汉铭发展詹谷堂入党的。当事人曾静华也回忆说志成学校在 1924 年 7 月 14 日（农历 6 月 13 日）成立党小组。

本书根据史料，综合分析认为，詹谷堂 1924 年入党符合历史事实。1924 年夏，从莫斯科东方劳动者共产主义大学学习回国的共产党员蒋光慈多次以书信等方式与恩师交流思想，发展志成小学老师詹谷堂加入中国共产党。

笔架山农校旧址

四运动爆发后，许多进步教师到该校任教，他们从武汉、安庆、开封、上海等城市带来的新思想、新文化，在学校师生中产生了巨大影响。1924年，在李梯云、周维炯、漆德玮牵头组织下，笔架山农校成立了青年读书会。

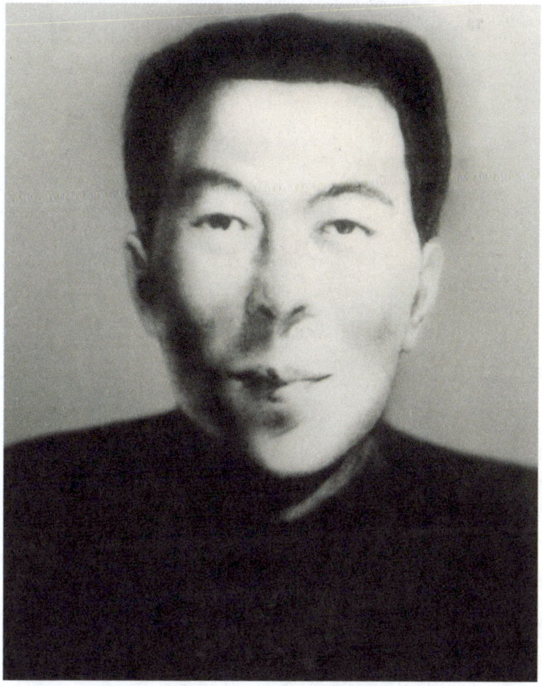

金寨早期党组织创始人之一：袁汉铭（1902—1931）

1924年秋，共产党员詹谷堂、曾静华到笔架山农校讲学，扩大马克思主义宣传范围，发展党组织。读书会成员李梯云、周维炯、漆德玮、漆禹源、漆海峰、罗志刚、李声武等加入中国共产党，并成立了笔架山农校党小组，有党员12人，李梯云任组长。不久，党小组发展为党支部，李梯云任书记，罗志刚为副书记，漆德玮、漆禹源为委员。该支部是金寨境内的第一个党支部，也是安徽最早成立的几个党组织之一。

笔架山农校党支部成员除通过读书会传播马克思主义思想外，还组织演剧社、歌咏队宣传新思想、新文化。他们演出的话剧《过年》和《农人怨》，深受贫苦农民的欢迎，产生了很大影响。笔架山农校此后发展了一批又一批党员，他们成为豫东南、皖西地区的斗争骨干，将革命火种撒向鄂豫皖三省边区。

1925年3月，詹谷堂回到家乡南溪明强小学任教，与在该校任教的共产党员袁汉铭一起开展建党活动，发展王凤池、曾昭烈等进步教师入党，并成立中共南溪支部，詹谷堂任书记。1925年秋，南溪支部与笔架山农校支部合并，成立中共商南特别支部，詹谷堂任书记。

金寨马克思主义传播与建党分布图

1925 年至 1926 年，许多在外地学习的金寨籍先进知识分子，先后加入党组织，如桂杰生、徐育三、杨晴轩、潘荣初、汪维裕等，他们有的被派回家乡发展党组织，有的利用寒暑假回乡开展革命活动。1926 年秋，在简家坳、禅堂等地先后建立党组织。1926 年 10 月，在李梯云主持下，在商（城）罗（田）麻（城）三县边区罗田县滕家堡（今胜利镇），成立中共商罗麻边区特别支部，肖大椿（肖方）为书记，在金寨县西南部活动。到 1927 年，金寨境内已发展共产党员 150 多人。

（三）早期的农民反抗斗争与农会的建立

“哪里有压迫，哪里就有反抗。”大别山区域的人民深受地主阶级的层层盘剥，农民在不堪压迫、生存难以为继的情况下，只能奋起反抗。

1922 年，刘仁辅与燕子河地区千余户农民代表，到霍山县城集体打官司。县衙通令该地区农民维持“永佃权”。1923 年 8 月，农民在闻家店树立“永佃碑”以示纪念，名震一时。

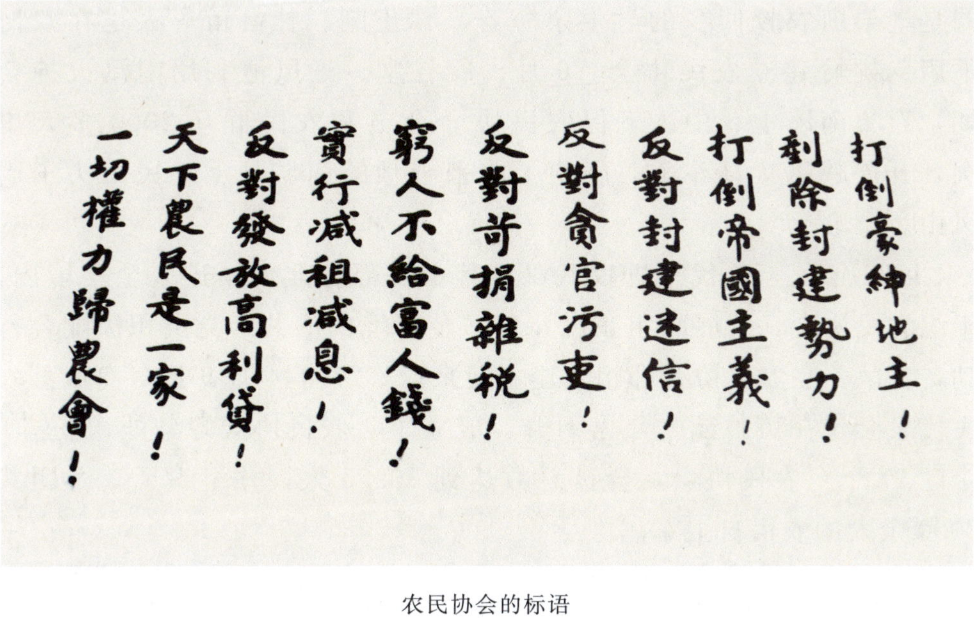

农民协会的标语

1923年3月，河南固始人梅广恩到麻埠、杨店一带，以“打富济贫，保卫身家”为口号，组织贫苦百姓成立“大刀会”，会员一度发展到1000多人。此事引起中共北方局负责人李大钊的关注，他曾派专人赴麻埠、流波䃥、金家寨等地开展调研。

1925年3月，共产党人詹谷堂、袁汉铭等在南溪、葛藤山创办农民协会。6月，南溪、汤家汇、笔架山、丁家埠、李家集、禅堂、吴家店、金家寨、麻埠等地的学校师生和手工业工人，在詹谷堂、袁汉铭等人领导下，组织游行示威及后援活动，声讨“五卅”惨案，号召人民抵制日货。

1926年7月，共产党员赵瑞祥等组织农民在挥旗山、门坎山、椴皮岭等山隘要口，阻击“建国豫军”的侵扰，并取得胜利。

由于缺乏统一组织和正确领导，农民斗争有时虽获得一些利益，但绝大多数失败，为后来的农民运动埋下了火种。

豫皖边区的汤家汇、南溪、金家寨、古碑冲、七邻湾等地的共产党员以办农民夜校的方式，不断提高农民协会会员的思想觉悟。1926年春，笔架山农校学生蔡兴芳在家乡双河香炉石组织农民协会，同是笔架山农校回乡的学生余海若、林正刚、杜昌甫等人也在双河下店、桃岭建立农民协会。6月，詹谷堂、王凤池利用南溪火神会期，召集南溪上、中、下保农民协会会员和农民群众2000多人集会，开展减租减息斗争，赶跑了前来干预的商城县反动民团头子周凤山。

1926年秋，北伐军进攻武汉，其中一部分北伐军进入金寨境内，组织农民协会，开展减租减息斗争。金寨境内的共产党员积极配合行动，各区、乡农民协会都相继建立起来。1927年4月9日，商城县农民代表会议在斑竹园文昌宫召开，成立了县农民协会筹备处，下辖8个区97个乡农民协会，会员总数达到10955人，并组织了3个团共2000余人的农民自卫军。

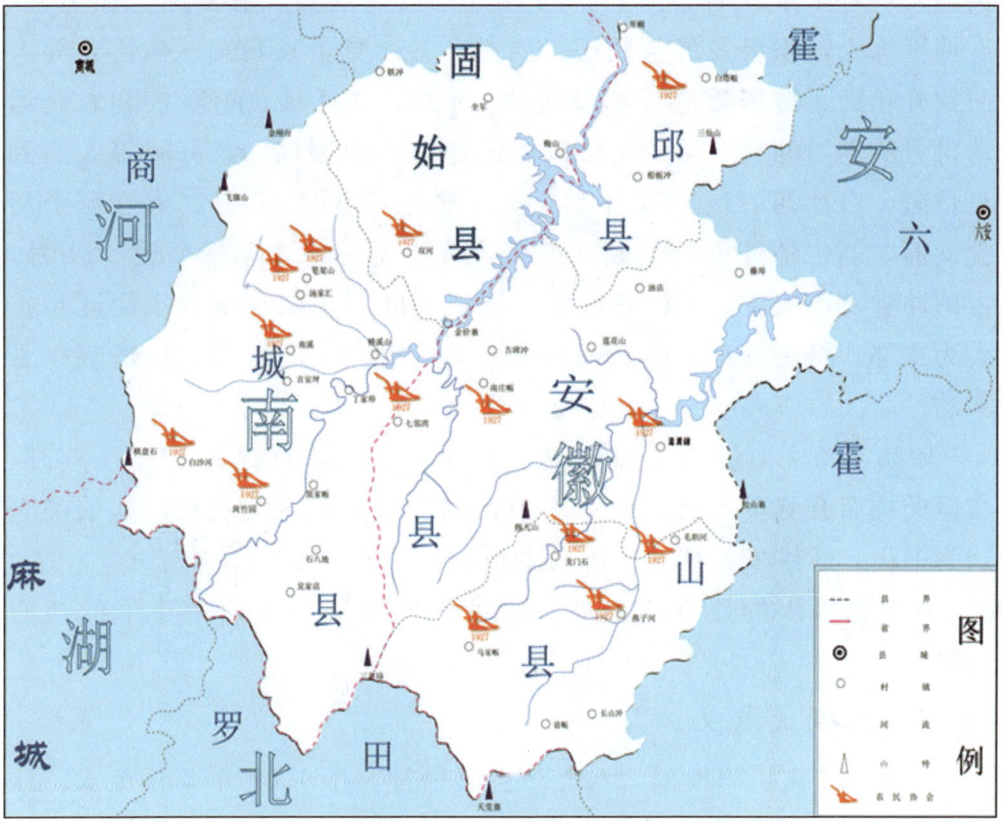

金寨早期农民协会分布图

二、革命烽火

土地革命时期，金寨境内 10 余万儿女投身革命、参加红军和地方革命武装组织，其中参加主力红军的就达 4 万余人。相继组建了 12 支主力红军队伍，金寨是鄂豫皖边区革命的主要策源地和爆发地，是主力红军的主要诞生地和组建地，是中国工农红军重要发源地。

（一）金寨地区党组织的发展

1927 年 4 月到 7 月，蒋介石、汪精卫先后叛变革命，屠杀共产党人。中共“八七会议”作出土地革命和武装反抗国民党反动派的决定。

1927 年 8 月，中共六安特别区委员会成立后，派宣传部部长桂伯炎回家乡金家寨、七邻湾，会同共产党员袁继安、詹慕禹、桂杰生、许仲平等人，积极发展党组织。同月，共产党员袁新民、戴铸九等人回到开顺街、白塔畈进行革命活动。9 月，在武汉黄埔军校和农民运动讲习所学习的共产党员周维炯、漆德玮、漆德琮、漆海峰等人回到斑竹园、白沙河、包家畈一带，进行党组织建设。9 月，成立燕子河党支部，刘仁辅任书记；成立英霍边界支部，徐育三任书记。11 月，古碑冲党支部成立，书记袁继安。同时，叶集民强小学党小组逐步扩大为支部、特别支部，袁新民任书记，在叶集、开顺街、白塔畈一带活动。

1928 年 5 月，在金家寨成立了直属党支部，有党员 11 人；8 月，在但氏祠召开党员大会，成立了中共六安金家寨区委员会。桂伯炎当选为书记，袁继安、桂杰生等为委员。

各地党组织的建立与发展，成为领导金寨地区革命斗争的核心力量。

（二）两大起义

金寨地区党组织根据“八七”会议精神，于 1929 年 5 月至 12 月，胜利地领导了立夏节起义和六霍起义，并分别在斑竹园、流波礓成立了中国工农红军第十一军第三十二师、第三十三师，创建了豫东南、皖西革命根据地。1930 年，这两块革命根据地和鄂豫边革命根据地一起形成统一的鄂豫皖革命根据地。

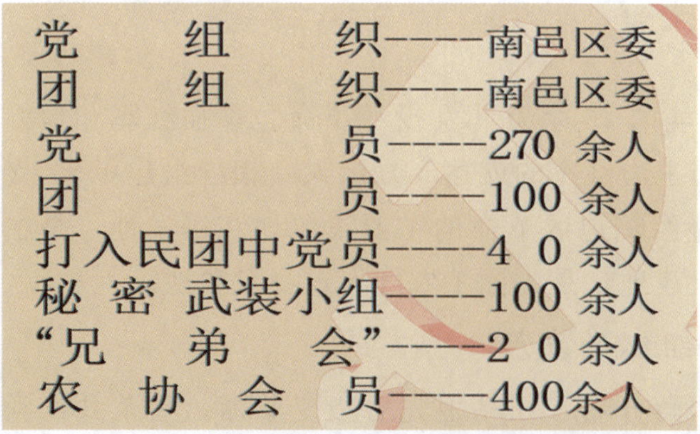

党组织	南邑区委
团组织	南邑区委
党员	270 余人
团员	100 余人
打入民团中党员	4 0 余人
秘密武装小组	100 余人
“兄弟会”	2 0 余人
农协会员	400余人

南邑党团组织和武装力量分布图（1929 年 2 月）

金寨汤家汇、南溪、斑竹园、双河一带，原属河南商城县南部（史称商南）。大革命失败后，一批在武汉学习的共产党员李梯云、周维炯、漆德玮等回到家乡。1928 年 2 月，中共商城县委书记蒋明华（又名蒋镜青）在斑竹园老鸹窝召开党团员会议，决定在商南发动武装起义，并成立中共商城南邑区委（又称商南区委），漆德琮任书记，周维炯任团区委书记，负责领导起义。商南区委下辖七个党支部。

3 月 21 日，中共商城县委召开党员代表会议，选举产生新的县委。因白沙河、丁家埠一带，山岭重叠，地形复杂，组织健全，又系省县边缘。会议决定以商南地区为发动武装起义的基本区域，并采取农民运动与士兵运动相结合的方式。

1928 年 8 月，商南地区的南溪、吴家店、斑竹园、小河、汤家汇等地党组织发动农民协会，开展了一场声势浩大的“文字宣传”活动，印制大量写有“打倒土豪劣绅！”“消除苛捐杂税！”等标语的传单在辖区各地广泛张贴散发。有些地区将标语写在木板上，刷上桐油后放进河里，顺水漂流，进行“流动宣传”。史河沿线的霍邱、固始等地群众捡到标语牌后互相传颂，起到教育动员群众、扩大社会影响的作用。

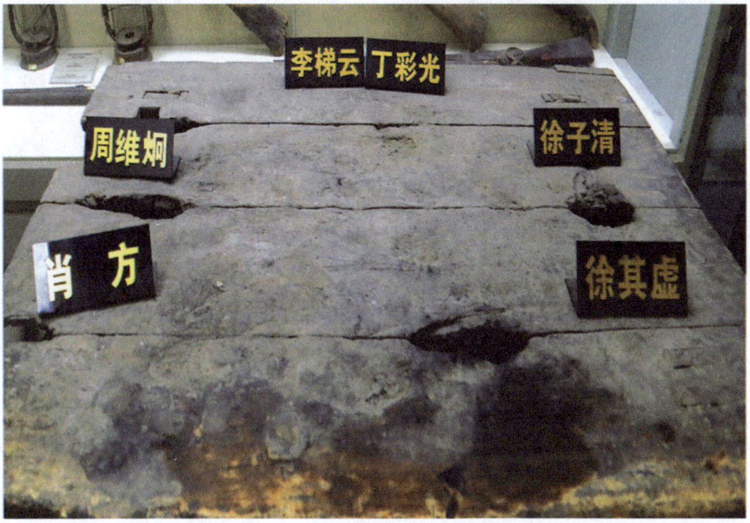

国家三级文物：穿石庙立夏节起义指挥部会议桌

1929 年 3 月，中共豫东南特委和鄂东特委在柴山堡附近的南竹园举行联席会议，商定划商城南部、罗田北部和麻城东部为特别区，在穿石庙（今金寨县吴家店镇）成立中共商罗麻特别区委。由于中共商城县委连遭破坏，4 月，在商南区委的基础上，在汤家汇易氏祠成立中共商城临时县委，书记为李梯云。党员 270 余名，成为商南地区革命斗争的基本力量。频繁的革命活动，引起敌人注意，敌人加紧了“清乡”。1929 年 5 月 2 日，商罗麻特别区委和商城临时县委在穿石庙召开紧急会议，决定将原定的中秋节起义提前到立夏节。起义总指挥部设在斑竹园桥口王家下湾。

李梯云

5 月 6 日立夏节当晚，丁家埠、白沙河、斑竹园、李家集、吴家店、牛食畈、南流河、南溪、汤家汇、包畈、沙堰、西河等地群众在共产党人领导下，同时起义，并取得成功。9 日，各路起义部队汇聚于斑竹园朱氏祠，成立金寨第一支红军队伍——中国工农红军第十一军第三十二师，师长周维炯，党代表徐其虚，全师 200 余人。

六霍起义是从 1929 年 5 月中旬到 12 月底皖西地区一系列武装斗争的总称。1929 年 10 月，中共六安中心县委成立，书记舒传贤。金寨古碑、燕子河、麻埠、流波䃅、白塔畈等地，时属六安、霍山、霍邱县辖地。六霍起义的大部分地区和主要军事力量均在金寨境内。11 月 7 日，独山举行起义；16 日，金家寨武装暴动成功；17 日，赤卫队 2300 余人分三路围攻麻埠；18 日，七邻湾、古碑冲暴动成功；19 日，在徐育三、刘仁辅领导下，燕子河一带举行西镇暴动。12 月 20 日，白塔畈农民暴动成功。1930 年 1 月，在流波確成立了中国工农红军第十一军第三十三师，师长徐百川。同年 1 月攻下霍山县城，2 月协同红三十二师攻克麻埠、独山，恢复基本起义区。4 月 8 日，解放英山，形成方圆百余里的皖西革命根据地。

（三）金寨地区的工农民主政权

1930 年 3 月 21 日到 25 日，在六安六区七邻湾关帝庙（今金寨县古碑镇）召开了六安、霍山、霍邱、寿县（因交通受阻缺席）、英山、合肥等六县党的负责人和红三十三师领导人的联席会议，到会代表 17 人。舒传贤主持会议，中共六安中心县委常委桂伯炎、委员袁继安（兼六区区委书记）参加了会议。会议总结了过去的斗争经验，提出了“推进六县的革命高潮”的总任务，制定了加紧领导群众开展武装斗争、进行土地革命、扩大苏维埃区域、壮大红军力量和加强政治工作等九项决议案。七邻湾会议对皖西革命运动与苏维埃政权建设起到了重要的推动作用。

六县联席会议旧址：七邻湾关帝庙（现古碑镇）

1932 年 5 月，鄂豫皖苏区达到鼎盛时期，总面积达 4 万余平方公里，人口 350 余万，拥有 6 座县城，共建立了 26 个县级苏维埃政权，成为全国第二大苏区。其中皖西北苏区面积即达 2.3 万多平方公里，人口约 220 万。在此期间，金寨地区建立的工农民主政权主要包括：

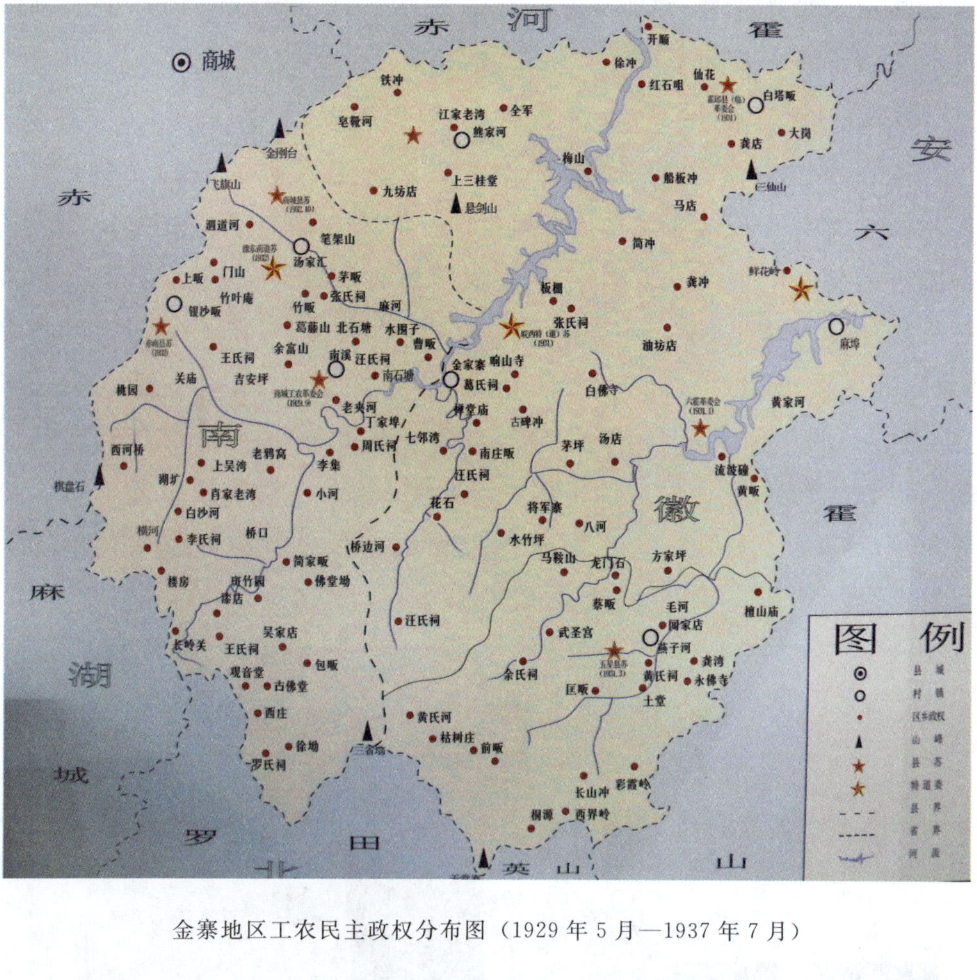

金寨地区工农民主政权分布图（1929 年 5 月—1937 年 7 月）

1. 六安六区、七区苏维埃政府。1929 年 11 月 16 日，金家寨建立六安六区革命委员会，后迁至七邻湾。1930 年 4 月 15 日，选举产生六区工农民主政府，辖 14 个乡苏维埃政府。同月，在麻埠成立六安七区革命委员会，辖 10 个乡苏维埃政府。

2. 霍山流波市郊区、六区苏维埃政府。1929 年 5 月 21 日，流波农民暴动后成立流波乡农民委员会。同年冬，在流波䃥成立霍山县流波市郊区苏维埃政府。11 月 20 日，在燕子河成立西镇革命委员会；在闻家店成立六区苏维埃政府，辖 8 个乡苏维埃政府。

3. 霍邱一区苏维埃政府。1929 年 12 月 20 日，共产党员潘荣初、李大刚、汪映西等人在白塔畈领导农民暴动，在王家老楼成立霍邱县临时革命委员会；在白塔畈成立霍邱一区苏维埃政府，辖 13 个乡苏维埃政府。

4. 固始一区苏维埃政府。1930 年 2 月 10 日，固始东南区龙井冲（今金寨全军乡）农民陈金香、陈海洲等组织暴动，建立乡苏维埃办事处。3 月，固始一区苏维埃政府在徐冲乡（今金寨梅山镇）龙湾叶家祠堂成立，辖 13 个乡。

5. 英霍边区苏维埃政府。1930 年 2 月 1 日，红军首克霍山；4 月 8 日，英山解放；4 月 11 日，再克霍山。为适应边区发展，在西界岭小街成立英霍边区苏维埃政府，机关驻今长岭乡界岭村，辖 6 个乡苏维埃政府。

全国重点文物保护单位：
豫东南道区苏维埃旧址（汤家汇接善寺）

6. 五县边区、五星县苏维埃政府。1930 年春，在今吴家店镇吴家畈筹建五县（六霍英罗商）边区苏维埃政府和边区游击大队。10 月，向后畈、前畈发展。1931 年 3 月，五县边区苏维埃政府在后畈乡（今天堂寨镇）黄氏河成立。1932 年 3 月初，迁张畈乡马家畈，后移至燕子河。同月，成立五星县苏维埃政府，辖霍山六区、英霍边区和五县边区。

7. 赤城、赤南苏维埃政府。1932 年 2 月，商城改称赤城。8 月 11 日，分赤城为赤城、赤南。赤南县苏维埃政府组建于银山畈，后迁驻汤家汇。9 月 14 日，赤城县苏维埃政府迁至熊家河的沙河店。

8. 皖西北道区苏维埃政府。1931 年 1 月 20 日，鄂豫皖特区苏维埃东方办事处在金家寨成立，行使苏维埃政权职能。5 月 1 日，皖西北特区苏维埃代表大会在金家寨召开；9 日，成立皖西北特区苏维埃政府，以金家寨、麻埠为中心，辖六安、霍山、霍邱、商城等县和英山、舒城、潜山、太湖等县的部分地区。1931 年 12 月改称皖西北道区。1933 年初，豫东南道区并入皖西北道区，后改组为皖西北道区苏维埃政府。

9. 豫东南道区苏维埃政府。1931 年 6 月，豫东南特区苏维埃政府筹建于汤家汇接善寺，辖商城、固始、光山等县，1933 年初并入皖西北道区。

全国重点文物保护单位：赤城县邮政局旧址（汤家汇镇徐氏祠）

皖西北苏维埃政权的政治、经济、军事、文化及各类群众机构齐全，还设立了苏维埃银行、造币厂、红色邮局，各县苏维埃政府相继推行《土地法令》，各乡划出公田为 1 至 5 石（每石约 7 亩），作为红军公田。各乡、村普遍设立列宁小学、识字班和业余学校，并在金家寨、麻埠修建了两个红军飞机场。苏区各项建设事业得到全面发展，呈现一派兴旺发达的景象。

位于汤家汇镇徐氏祠的赤城县邮政局，是至今全国仅存的两所赤色邮政局之一。

位于汤家汇镇瓦屋基村的“六区一乡列宁小学校”，也是目前全国仅存的两所以“列宁小学”命名的学校之一。

全国重点文物保护单位：“六区一乡列宁小学校”（汤家汇镇瓦屋基村）

皖西北苏区各类机构设施之完备、社会职能之配套，表明苏区整体建设达到较为成熟的程度，成为全国苏区建设的典范之一。

（四）五次反“围剿”斗争

在五次大规模反“围剿”斗争中，金寨组建的红军队伍和广大将士英勇善战，不怕牺牲，取得了辉煌业绩、做出了突出贡献。

1. 第一次反“围剿”斗争胜利，红军第四军建立。1930 年冬，蒋介石对各根据地红军进行大规模“围剿”。11 月底，党中

中共鄂豫皖特委书记兼军委主席、红四军政委曾中生（1900—1935）

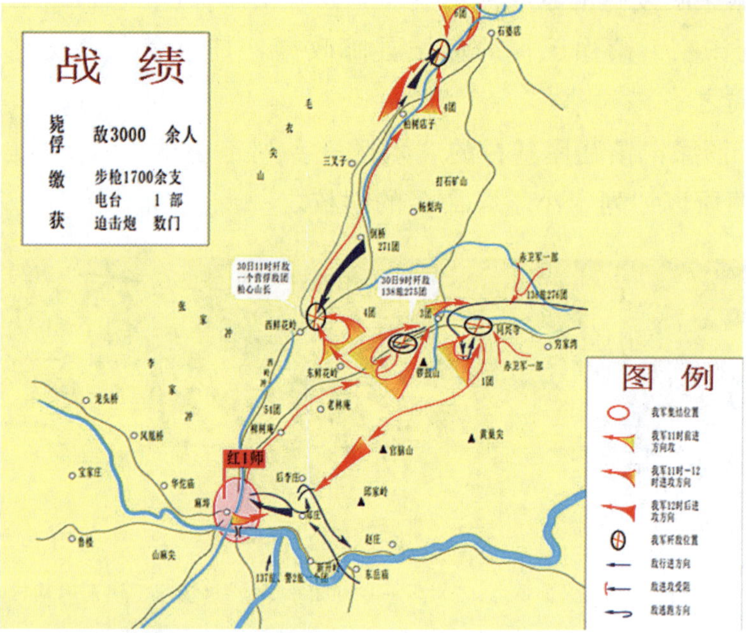

东西鲜花岭战斗示意图（1930 年 12 月 30 日）

央派曾中生赴鄂豫皖苏区担任特委书记兼军委主席，成立了鄂豫皖临时特委和临时军事委员会，统一指挥根据地反“围剿”斗争。红一军从鄂东回师皖西，12 月 14 日收复金家寨。30 日，取得东西鲜花岭大捷。该战是红一军由游击战转为以运动战为主的重要标志。仅用 1 天时间，就歼敌 3 个团，溃敌 3 个团，毙俘敌团长以下官兵 3000 余人。1931 年 1 月中旬，红一军在商城长竹园与红十五军会合，随后在麻城福田河合编为中国工农红军第四军，军长旷继勋，政治委员余笃三，参谋长徐向前，政治部主任曹大骏。改编后的红四军，直接由鄂豫皖特委领导。1931 年 2 月，正式组建中共鄂豫皖特委和军委，重建了鄂豫皖特区苏维埃政府。曾中生任中共鄂豫皖特委书记兼军委主席，并成立了中央教导第二师，歼灭了大量敌地方反动武装，第一次反“围剿”取得全胜。

2. 第二次反“围剿”斗争胜利，中共中央鄂豫皖分局成立。鄂豫皖特委探明敌人第二次“围剿”部署，决定集中红军主力东进。1931 年 4

月 25 日，红四军第十师、十一师各一个团攻击独山，十二师在麻埠外围打援，经 4 小时激战，全歼独山守敌一个团 2000 余人，被敌侵占的皖西村镇均被收复。第二次反“围剿”取得胜利，红军和根据地得到很大发展。5 月 12 日，张国焘在河南光山新集召开会议，宣布中央决定，撤销中共鄂豫皖特委，成立中共中央鄂豫皖分局，张国焘任书记。同时成立鄂豫皖革命军事委员会，张国焘兼任主席，曾中生、旷继勋任副主席。以张国焘为代表的“左”倾错误路线在鄂豫皖根据地开始推行。

3. 红四方面军成立，第三次反“围剿”斗争胜利。1931 年 10 月，红二十五军在麻埠成立，军长旷继勋，政委王平章。11 月 7 日，红四方面军在黄安七里坪成立，下辖红四军和红二十五军，总指挥徐向前、政治委员陈昌浩、政治部主任刘士奇，红四军军长、政委分别由徐向前、陈昌浩兼任。经历黄安战役、商潢战役、苏家埠战役、潢光战役，到 1932 年 6 月中旬，第三次反“围剿”完全胜利。红四方面军主力发展到 2 个军 6 个师，1 个少共国际团，加上 4 个独立师，共 45000 多人。

徐向前在鄂豫皖根据地及其在皖西作战期间的卧室（金寨县汤家汇接善寺）

4. 第四次反“围剿”失利，红四方面军主力西进川陕。1932 年 5 月，蒋介石亲自担任鄂豫皖“剿匪”总司令，于 7 月上旬发起第四次“围剿”。以张国焘为代表的“左”倾错误路线让领导们对形势做出了完全错误的估计，导致 9 月 20 日金家寨被敌人攻陷，整个鄂豫皖苏区根据地几乎全部沦陷。10 月 10 日，张国焘在河口以北的黄柴畈召开紧急会议，讨论军事行动。会议决定四方面军主力向西转移，由鄂豫皖省委书记沈泽民和郭述申、刘士奇、徐海东以及徐宝珊等，在鄂豫皖苏区坚持斗争。

5. 第五次反“围剿”，局部扭转严峻局势。1933 年夏，国民党当局又调集 10 万军队对鄂豫皖根据地发动了第五次“围剿”。斗争初期，由于鄂豫皖省委主要领导错误估计了形势，采取内线单纯防御的作战方针，使鄂东北中心区保卫战遭到失败，红军和根据地遭到重大损失，迫使省委召开会议，总结经验教训，重新策划斗争方针，决定采取游击战和内外线结合的战术，主动灵活地打击敌人，恢复和巩固根据地。由于斗争方针的转变，取得了一系列斗争的胜利，逐渐扭转了鄂豫皖边区第五次反“围剿”以来的严重局面，红军恢复到 13000 人，根据地得到部分恢复。鄂豫皖省委“左”倾思潮又开始膨胀起来，要求红军与敌人打阵地战，夺回根据地中心城市，仅湖北七里坪一战，就从 5 月初打到 6 月中旬，红军主力损失一半，共 6000 多人！

皖西北道委书记、红二十八军政委高敬亭

(1907—1939)

（五）三年艰苦的游击战争

红二十五军主力离开鄂豫皖根据地后，中共皖西北道委书记高敬亭在金寨境内的沙河店，将鄂豫皖根据地的零散红军组成二一八团，1935 年 2 月 1 日，在金寨抱儿山与鄂东北独立团会合。2 月 3 日，高敬亭在太湖凉亭坳主持召开干部会议，决定第三次组建红二十八军，全军 1000 余人，高敬亭任政治委员，统一领导鄂豫皖边区党、政、军工作，创建新的游击根据地。在艰难困苦的三年游击战争中，红二十八军是南方 8 省中唯一成军建制的主力部队。

金刚台上妇女排

皖西北红军宣传标语

逶迤鄂豫皖边区的金刚台，海拔 1584 米，是大别山主峰之一，山高林密，沟壑纵横。在商南县委领导下，依据金刚台，组织武装游击大队和便衣队，广泛开展游击战争的同时，将地方党政干部的女同志、原红军医院部分护士和红军家属 30 多人，编成妇女排，由排长袁翠明、县委委员史玉清负责。由于敌人封锁通往金刚台的山道要口、不断加强对金刚台进行搜山、“清剿”，妇女排很难得到粮食和衣物，主要靠野菜、野果和藤蔓根茎等充饥。面对恶劣的生存环境，妇女排的战士们却斗志昂扬、坚不可摧。她们编歌唱道：

“山沟石洞是我房，树枝稻草盖身上；
山菜野果能当粮，三天不吃打胜仗。”

妇女排涌现出许多可歌可泣的动人事迹，1936 年秋天的一个下午，妇女排十几个战士在金刚台猫耳石一带活动。大家已经几天没有吃到一粒粮食，筋疲力尽，刚坐下休息，却遭遇敌人搜山。为了掩护战友，战士晏来香毅然冲出丛林，朝着相反的方向全力跑去，引开了步步逼迫的敌人。当她跑到一处悬崖边，后面的敌人已追上来了，为了不当敌人俘虏，晏来香纵身跳下深涧，英勇牺牲。战士张敏有个吃奶的孩子，由于饥饿经常啼哭，因怕孩子哭声引来搜山的敌人，张敏用包被把幼儿严密地包起来。敌人走开后张敏把包被打开，发现孩子已经没有气息。

金刚台层峦叠嶂

八姐妹中的史玉清

妇女排在金刚台缺吃少穿、忍饥受冻，克服了难以想象的艰难困苦，机智勇敢地与敌人周旋了三年之久，牵制了大批敌人，有力地支援了红军和地方武装的对敌斗争。妇女排在三年游击战争中，有的在对敌战斗中饮弹身亡，有的为掩护战友跳崖自尽，有的于寒冷的夜晚长眠在山洞里……至抗日战争开始，妇女排 30 多人中幸存者仅 8 人，被誉为“金刚台上英雄八姐妹”。

在三年游击战争中，红二十八军转战于鄂豫皖边区的 45 个县，发展到

1800多人，牵制敌正规军最多达68个团，约17万人，同时歼敌18个营、15个连和大量小股敌军，粉碎了敌人的反复“清剿”，既让革命红旗始终高高飘扬在大别山上，也有力地支援了主力红军的战略转移，配合了南方各省红军的斗争。1938年初，周恩来在武汉对高敬亭说：“红军长征后，你们在十分困难的条件下坚持敌后斗争，功绩很大。你们在敌后保存这样一支红军部队，很了不起。”

八姐妹中（1964年5月18日摄于南京）的袁明（前排左一）、范明（前排左二）、彭玉兰（后排）

三、合作抗日

全面抗日战争初期，金寨地区国共党政军机构云集，成为安徽乃至大别山地区抗日救亡的军政指挥中心。

（一）新四军第四支队东进抗日

1937年7月7日，日本发动全面侵华战争。在民族危亡关头，由红二一八团发展起来的红二十八军，秉持抗日救国大义，不计旧仇，主动与国民党军地方部队合作抗日，并根据中共中央指示，奉命改编为新四军第四支队，下辖4个团，3100余人，司令员高敬亭。该支队

新四军兵站旧址（金寨县花石乡白水河汪家老屋）

是新四军初期四个支队中人数最多、武器最好的队伍。

1938 年 3 月 8 日，新四军四支队召开誓师大会，随即分别从湖北黄安七里坪、河南信阳邢集出发，东进抗日。途经金寨境内的汤家汇、南溪、双河、流波䃥等地时，许多青壮年踊跃参加新四军，四支队成为首批奔赴皖中、皖东抗日前线的新四军部队。

4 月中旬，在立煌县桃岭乡秦家湾，成立新四军四支队留守处，对外称 100 号兵站，不久迁移到桃树岭头张家湾。8 月，再次迁至白水河汪家老屋。兵站主要任务是保证抗日前后方的通信联络，调拨军需物资，密切配合地方党组织开展抗日救亡工作，并接待、护送从延安、湖北等地经立煌县到南京、江苏等地的抗日干部、战士。一大批从延安抗大和陕北公学分来的干部，通过兵站安排，奔赴抗日前线。

5 月 12 日，新四军四支队先遣队在蒋家河口西岸，伏击日军巢县守备队，击毁两艘日军汽艇，毙伤敌 46 人，缴枪 11 支，残敌狼狈逃窜。蒋家河口战斗打响了新四军华中敌后抗战第一枪。

此后的一年多时间里，四支队与敌人作战 90 多次，毙、伤敌 2300 多人，其中日军 1700 多人；俘敌 400 多人，其中日军 9 人，给日伪军以沉重打击，鼓舞了广大民众的抗战激情，部队也发展到 6000 多人，是当时新四军四个支队中兵员增加最多的一支部队。

（二）国民党安徽省政府迁驻金家寨

1938 年 6 月，国民党安徽省政府迁到立煌县政府所在地——金家寨。桂系第二十一集团军总司令部兼豫鄂皖苏游击兵团总部、安徽省保安司令部、省军管区、省临时参议会等军政机构也随迁至金家寨及周边地区。第五战区司令兼安徽省政府主席李宗仁主政安徽期间，着力整顿治安和吏治。廖磊接任省主席后，基本沿袭李宗仁的政策：征招地方绅士，延揽人才，共济时艰；成立难民救济会，设立难民工厂；免除沦陷区的田赋；推行农村合作贷款，改善农村经济，搞活金融流通；打击汉奸及反动组织；铲除贪污；肃清盗匪，并将各地方武装统一改编为“抗日人民自卫军”。

茅坪抗日烈士墓（青山镇茅坪村）

1943 年 1 月 2 日，日军进犯青山茅坪村，放火烧毁民房 400 余间，集体刺杀国民党押送的壮丁及枪杀当地居民、商贩共计 562 人。

1938年6月，董义武到金寨视察抗日救亡运动开展情况

1943年1月1日上午，立煌军民在金家寨飞机场集会，庆祝元旦。中午，国民党安徽省政府机关随第二十一集团军总部迁至霍邱。因日军来袭，当晚，群众纷纷“跑反”。日军制造了骇人听闻的“茅坪血案”，562人惨遭日军残暴杀害，当地群众将无人认领的281具壮丁尸体合葬在一个大坑里，成为震惊全国的“万人坑”。1月2日，日军攻陷金家寨，大肆烧杀抢掠。5日，日军由金家寨去叶家集、固始、商城。19日，国民党安徽省政府机关回迁立煌，直到1945年迁往合肥，国民党安徽省政府在金寨达7年之久。

（三）中共地方组织领导金寨抗日救亡运动

1938年4月，在六安成立中共安徽省工委，彭康任书记。6月，中共安徽省工委迁至金寨桃树岭新四军四支队兵站。省工委在桃树岭举办爱国进步青年抗日骨干培训班，结业后派到各县工作团工作，推动抗日民主运动向前发展。6月中旬，董必武、郑位三等赴金寨双河桃树岭，视察大别山区抗日救亡运动开展情况。

郑位三

当月下旬，省工委迁至白水河。

1939 年 2 月，为统一大别山区党组织的领导，中共中央决定撤销安徽省工委，派郑位三、郭述申等组建鄂豫皖区党委。书记郑位三，仍驻在白水河汪家老屋，管辖舒无地委、六安（皖北）、霍邱、舒城、立煌中心县委、立煌县委、立煌市委及鄂皖边、鄂东地委、潢川、黄冈、黄（安）麻（城）经（扶）中心县委。区党委先后办了 3 期近 300 人的党员干部培训班，每期时间一个月，学员后来均成为领导边区地、县、区抗日救亡运动的骨干。1939 年 7 月，鄂豫皖区党委转移到庐江东汤池。后又迁至定远藕塘。11 月撤销。

中共鄂豫皖区党委高举抗日民族统一战线的大旗，加强对“动委会”的领导，重视对青年干部、妇女干部和文化干部的培养，壮大了党的组织，团结了各方面的爱国人士和进步青年，领导了全省抗日救亡运动。

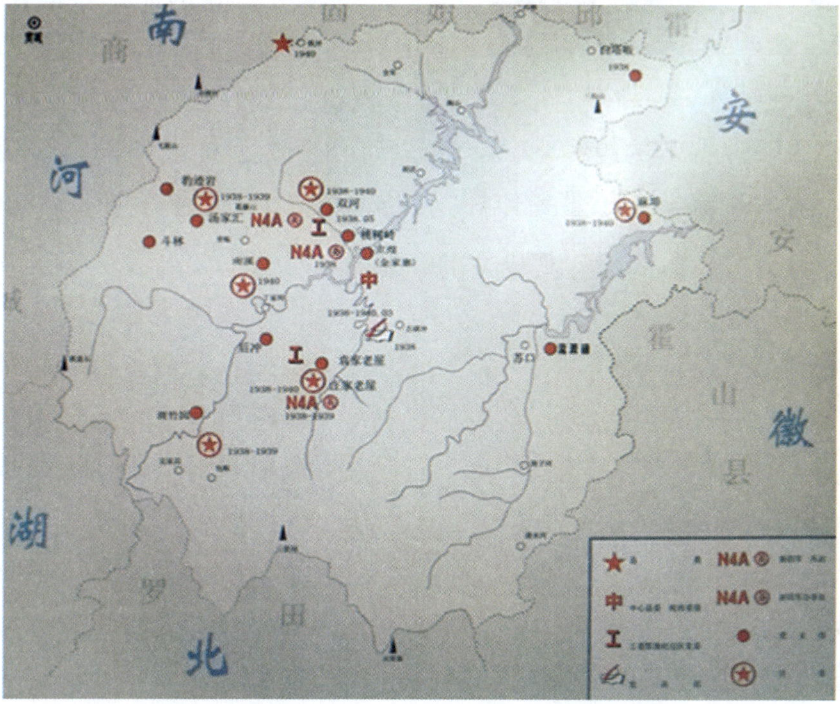

金寨党组织恢复与新四军兵站示意图

1939年5月，中共立煌、商城县委合并，称中共立煌县委，周维、魏心一先后任书记。立煌县委下属1个县委直属支部和4个区委，20多个支部，有200多位党员。10月，中共立煌市委在白水河成立，鄂豫皖边区党委委员李丰平兼书记。12月，中共立煌市委与立煌县委合并，成立中共立煌中心县委，书记李丰平，辖立煌、商城两县，次年1月，增辖霍山县。1940年2月，中共皖西省委在金家寨峡石口余家湾成立，辖立煌、霍邱两个中心县委，不久，转移至外地。

抗战期间的朱蕴山

（四）安徽省“动委会”的抗日救亡运动

1938年6月，国民党安徽省政府、省民众总动员委员会（简称省“动委会”）迁至金家寨。作为抗日民族统一战线的一种特殊的组织形式，省“动委会”为抗战期间动员安徽各界投入抗战洪流发挥了重要作用，在安徽抗战史上占有重要地位。

立煌县动委会旧址（金家寨船舫街帝王庙）

抗战初期，受中共驻南京代表团董必武、叶剑英的委托，安徽省六安籍的国民党左派人士、老同盟会员朱蕴山，与李宗仁会商成立第五战区安徽民众总动员委员会（后改为安徽省民众总动员委员会）。李宗仁接受朱蕴山的建议，并决定由朱蕴山负责筹备组建工作，李宗仁兼任主任委员。

省“动委会”是统一领导安徽民众抗日救亡运动的机关。下设总务部、组织部、宣传部、情报部、后勤部，各部门工作的主持者有许多中共党员和进步分子。救国会“七君子”之一的章乃器任秘书长，主持日常工作。皖籍爱国进步人士朱蕴山、沈子修、光明甫、常恒芳分别担任总务、组织、宣传、后勤部长，一大批富有爱国热情的开明绅士、政界名流成为该组织成员。

为了使省“动委会”成为中共影响下能独立自主地开展抗日救亡运动的群众性政治组织，中国共产党选派大批干部到“动委会”工作。中共安徽省工委宣传部部长张劲夫以省“动委会”组织部主任干事的合法身份，与副部长周新民等共产党员主管人事工作，在省“动委会”中成立了中共地下支部及各部党小组，参与领导抗日救亡运动。

安徽省“动委会”指示各县均成立“动委会”，由县长兼任主任委员；县以下设“动委会”区、乡、镇分会，分别由区、乡、镇长兼任主任委员。

1938 年秋，立煌县“动委会”成立，机关驻金家寨船舫街，共产党人孟超、王伯苑、陈国栋、区展等先后任指导员。县境内 4 个区、24 个乡、3 个镇相继建立动委会。各级动委会为了开展抗日救亡宣传，在全县各地成立了 69 个抗敌协会，会员总数达 7193 人。同时，全县

江上青（1911—1939）

还组建了 5 个儿童抗敌协会，队员 280 余人。

经中共地下组织提名，由省“动委会”向各县“动委会”委派指导员和工作团长，组建了 40 多个直属工作团、30 多个委托工作团，吸引和容纳进步抗战人士 2400 多人，派往各地开展抗日动员、组织募捐、发展武装和支援前线。江上青被中共安徽省工委安排到省“动委会”主持青年教育工作，在响山寺大庙举办工作团讲习班，并负责教务兼政治指导员。

安徽省及大别山区各地群众性抗日团体普遍建立起来。1939 年 1 月 25 日，省“动委会”战时文化事业委员会在金家寨成立。2 月，省“动委会”妇女工作委员会在金家寨成立。在中共领导下，安徽省共有各级各类群众抗日救亡组织 4223 个，成为各地抗日救亡运动的中坚力量，数十万有组织的群众参与抗日救亡工作，形成了空前规模的全民抗战局面。

鄂豫皖女子抗日协会浮雕（金寨梅山镇红军广场）

与此同时，逃难到立煌县的北平救亡服务团、上海流亡青年内地服务团、武进青年抗敌服务团以及延安派遣的陕北公学、中国人民抗日军事政治大学毕业的学生也到大别山区。他们分赴各地开展抗日宣传动员活动，组织工、农、青、妇、商、学、僧等各类抗敌协会，抗日民主运动呈现蓬勃发展的局面。一时间，政界党派和社会名流荟萃金寨，金寨地区成为安徽省的抗日活动中心。

1939 年 9 月，美国进步作家艾格尼丝·史沫特莱女士到达金家寨，考察伤兵、难民救济和民众动员工作。史沫特莱为妇女问题研究会作了题为《世界妇女运动的动力》的演讲，还为《妇女》月刊题词，阐述妇女解放与民族解放的关系，赞扬战斗在大别山的妇女“为了祖国的自由而贡献她们全部的心力”。

艾格尼丝·史沫特莱

1939 年 10 月 23 日，廖磊因病逝于金寨。11 月 15 日，国民党在立煌开会，制定《豫鄂皖三省防遏共党办法》。随即，国民党当局下令解散基层“动委会”和工作团，停发活动经费，搜捕共产党人和进步人士。

1940 年 1 月，桂系另一巨头李品仙继任安徽省主席，大力推行反共政策，控制和改组省“动委会”，大批共产党员和爱国人士被迫撤离，有人惨遭暗杀，省“动委会”工作环境彻底逆转。1940 年春，中共地方党组织相继转移 3000 多名干部和进步青年到淮南、淮北和皖中抗日前线，为建立抗日根据地增添新鲜血液。

（五）金寨的抗日游击武装

抗日战争期间，金寨地区民众在中国共产党的领导下，相继发展了一批抗日武装队伍，坚持不懈地抗战御敌。

悬剑山游击队。1940 年 5 月 13 日，中共双河区委委员冯远清，利用新四军驻立煌办事处撤离前留下的 12 支枪，组织起 30 多人的武装，分成两个班，活动于悬剑山、熊家河、大河冲一带。

长岭关游击队。1940 年 8 月成立，20 余人，队长曾庆恩，指导员袁化民，活动于鄂豫皖边区的长岭关地区。

五县边区抗日武装。1943 年冬，中共立煌、霍山、英山、岳西、太湖五县边区工作委员会成立，设五县边区抗日指挥部，拥有 50 人的抗日武装，活动于五县边区，并保持与新四军第五师及第七师的联系。由中共五县边区工委副书记鲁教瑞任指挥长，工委书记钟子恕兼政治委员。次年春，工委撤销，抗日武装改编入新四军第五师。

抗日武装小分队。1944 年，中共立煌党组织负责人之一袁化民、便衣队长彭仁安等，分别组成 6 支抗日武装小分队，共 100 余人，活动于七邻湾、帽顶山、抱儿山、笔架山、金刚台、苏仙石等地。

上述抗日武装对震慑地方反动势力和汉奸特务起到了重要作用。

四、浴火新生

（一）“皮旅”中原突围

1946 年 6 月，国民党当局公然撕毁停战协议，以 30 万兵力向中原解放区 6 万部队发起总攻。6 月 23 日，中共中央电告中原局，要做好牺牲一部分军队的准备，抓紧时间，迅速突围。中原局党委把这项艰巨任务交给了一旅。旅长皮定均表示坚决完成任务，即便自己和一旅全部牺牲，也要拖住敌人，保证主力突围。“皮旅”伪装主力，采取声东击西战术，部队夜晚向西、白天向东迂回，营造我军主力部队向东突围的气势。

在成功掩护主力部队顺利越过平汉路向西突围后，“皮旅”毅然决定和主力相背而行，穿越大牛山飞兵东进，与数倍于己之敌鏖战，以继续牵制敌人，减轻西进主力的压力。

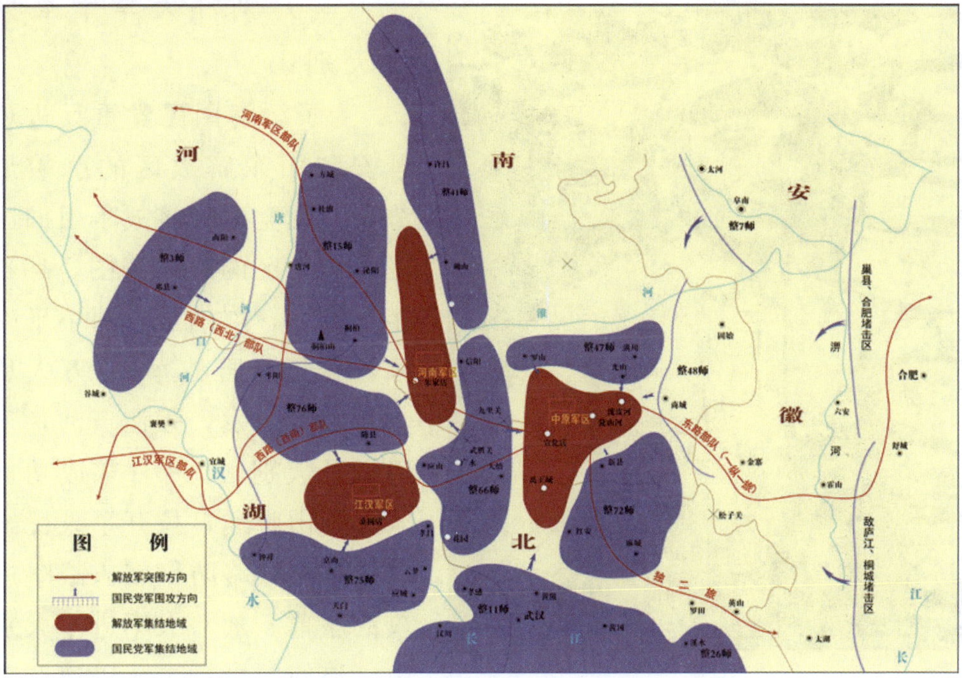

中原突围敌我形势图（1946 年 4 月至 6 月）

7 月 4 日，“皮旅”转战金寨吴家店、燕子河地区。由于吴家店曾经是鄂豫皖苏区的重要根据地，也是皮定均旅长、方升普副旅长和第一团政治处主任吴立兴的家乡，加之部队连续作战，极度疲劳。旅党委决定在此休整 4 天，并打开国民党在吴家店的四个粮仓，分粮济贫。

7 月 10 日，“皮旅”智取青枫岭天险；11 日，抵达淠河西岸的磨子潭渡口，强渡淠河，粉碎敌军的前堵后追，孤军转战 24 昼夜，历经大小战斗数十次，行程 750 千米，成为中原突围部队中唯一以一个旅的完整建制突围成功，到达苏皖解放区。兵员不减反增，创造了中外战争史上的奇迹。

“皮旅”中原突围不仅在毛泽东主席心中留下深刻印象，也在国民党统帅部挂上了号。双方都习惯在电报中称之为“皮旅”。1955 年解放军授衔时，皮定均初评为少将，毛主席念及他中原突围之功，在授衔名单上批示：“皮有功，少晋中。”

邓小平在大别山

（二）刘邓大军千里挺进大别山

为了缓解国民党重兵进攻延安和山东解放区的严峻形势，实现党中央将战争引向国民党统治区的战略意图，1947年6月底，刘伯承、邓小平率领晋冀鲁豫野战军12万人从太行山区出发，强渡黄河，千里挺进大别山。8月末成功进入大别山腹地，拉开了人民解放战争从战略防御转入战略进攻的序幕。刘邓大军进军大别山，迫使国民党军队迅速调动20万主力回援。

金寨是刘邓大军千里挺进的重要落脚地和指挥中枢。邓小平率前方指挥所进驻金寨下楼房56天，指挥所设在下楼房周宅。坚持内线斗争，进行反围攻作战。

刘邓大军进入大别山后，经过一个多月的战斗，先后解放固始、立煌、六安、霍山等10个县城。9月2日解放金家寨镇；3日解放流波䃥、麻埠；4日改立煌县为金寨县，相继建立区、乡政权。10月上旬，刘邓三纵主力在六安东南发起张家店战役，毙、伤国民党军副团长以下500多人，俘虏副旅长以下4300多人。张家店战役是刘邓大军进入大别山后在无后方依托条件下第一次消灭敌军一个正规旅以上兵力的重大胜利，打开了皖西斗争的新局面。

12月31日晚，邓小平、李先念在金寨召开鄂豫皖边区干部会议，部署坚持大别山根据地的斗争，鄂豫皖边区党委书记段君毅，金寨县委书记张延积、副书记张健三、县长王相卿，漆店区委书记江川也参

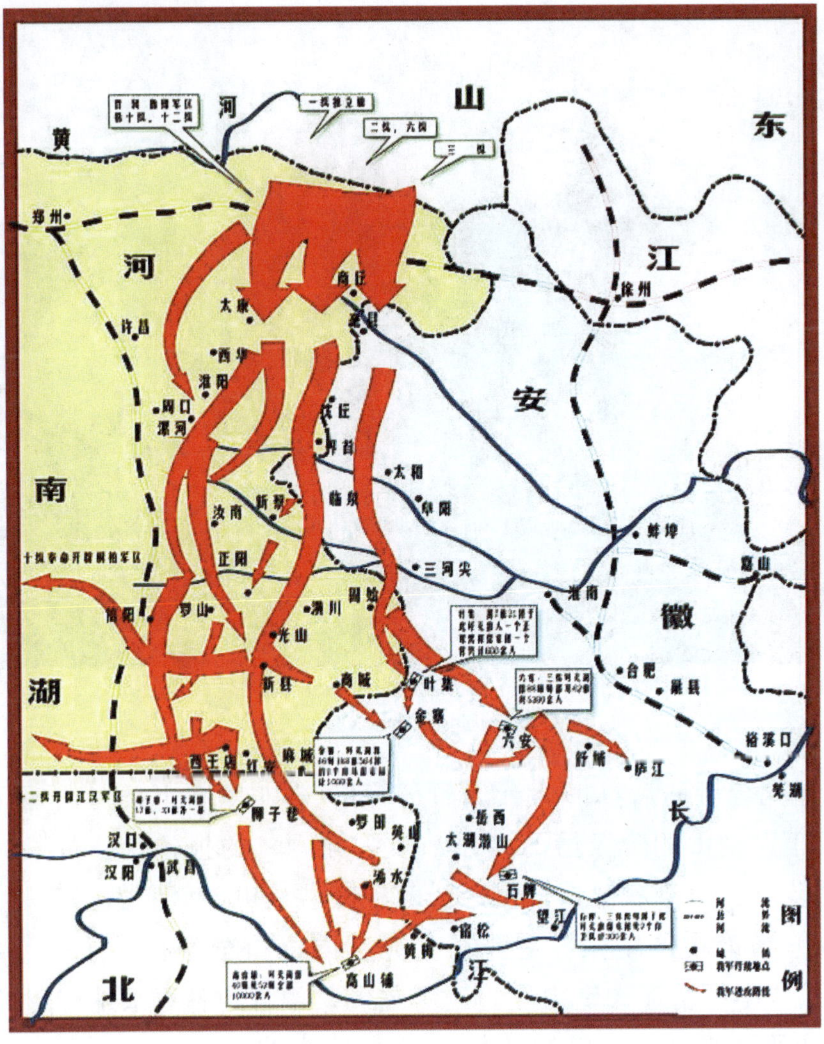

刘邓大军挺进大别山形势图（1947 年 8 月至 12 月）

加了这次会议。邓小平听取了张延积的汇报后，肯定了金寨县委的成绩，指出要建立、巩固“贫农团”工作，依靠“贫农团”开展根据地建设，要克服乱抓、乱罚、乱杀的现象，最大限度地团结多数，孤立敌人。邓小平再三强调要严格执行《三大纪律八项注意》，模范地遵守群众纪律，与群众同甘共苦。因此涌现出许多军爱民、民拥军的感人故事。

刘邓大军挺进大别山（鲍加　作）

经过充分调研后，1948 年 1 月 30 日，邓小平在下楼房给毛泽东写了《关于大别山的阶级情况与几个政策问题》的报告，分析了大别山地区的特点和阶级状况，提出区分两种区域（巩固区和游击区），实行不同政策和策略的主张。毛泽东十分赞同，向全党批转了这个报告，并强调："小平所述大别山经验极为宝贵，望各地各军采纳应用。"

邓小平指挥 3 个纵队在大别山地区最终站稳了脚跟，完成了战略任务，拖住了敌人兵力，有力地支援了其他战场。

1948 年 2 月，中央军委电示刘邓大军主力转出大别山，进入淮河、陇海路、沙河、伏牛山之间，寻机歼敌。2 月 24 日，刘伯承、邓小平在临泉县韦寨村会师。

刘邓大军主力转出之后，国民党当局即以 20 多个整编旅向大别山根据地猛扑。大别山区军民再次进入了艰苦的反"清剿"斗争阶段。

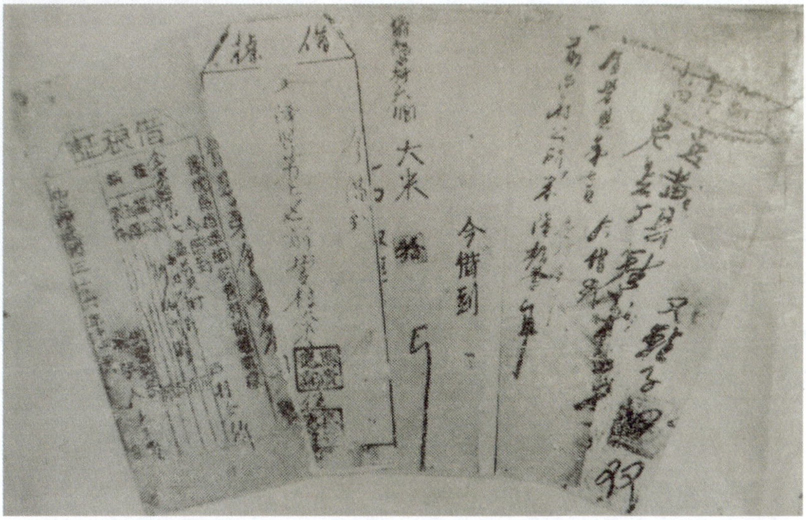

金寨人民支援刘邓大军的部分物资借据（原件现藏北京中央档案馆）

邓小平前方指挥所旧址—金寨县沙河乡下楼房

1949年4月27日，麻埠重获解放；5月，流波碓、白塔畈也相继解放；6月，中共金寨县委员会在麻埠成立。

9月6日，中国人民解放军第二十四军七十一师二一三团占领金家寨；7日，金寨县委、县政府由麻埠迁往金家寨。

（三）剿匪斗争

1949年5月，国民党中将汪宪等反动头目潜入金寨，在白水河（今花石乡）成立"华中军政长官公署豫鄂皖边区人民自卫军总司令部"，收罗地方反动武装，拼凑14个支队万余匪众，号称"十万铁军"，疯狂袭扰金寨区、乡政府和驻军，烧杀抢掠，无恶不作，严重干扰支前、生产和群众生活。

1949年4月16日，皖北军区成立了六安剿匪指挥部。8月上旬，成立鄂豫皖边区剿匪工作委员会，下设指挥部，王树声任工委书记，司令员兼政治委员，梁从学任副司令员，何柱成任副政治委员。为进一步清剿残匪，10月2至5日，王树声在金家寨召开鄂豫皖边区第二次剿匪指挥部负责人会议，总结前期工作，部署剿匪新任务。

8月25日，中国人民解放军鄂豫皖东线剿匪指挥部在麻埠成立，司令员梁从学，政治委员何柱成。决定实行追剿、清剿、驻剿结合的方针，以分散对分散。同时，积极开展政治攻势，分化瓦解敌人。

9月下旬，第二十四军七十一师二一三团一营在白水河摧毁大别山残匪最高指挥机关。同时皖北警四团在金寨前后畈，歼灭长期与人民为敌的黄英"老八团"和"小八团"。

9月30日，人民解放军在金寨帽顶山活捉"自卫军"司令汪宪、副司令兼立煌县县长袁成英等，随后其14个支队头目相继被击毙或生俘。标志着大别山剿匪胜利结束。其中，在金寨境内消灭了国民党残余及土匪武装4500多名。

10月1日，金寨人民在开国大典的欢庆声中，完成了新民主主义革命，踏上了社会主义革命和建设的征程。

第二篇　两大起义震神州

土地革命初期，大别山区相继爆发了三大武装起义。其中，立夏节起义全部在金寨、六霍起义主要发生在金寨。立夏节起义又称商南起义，因为它发生的时间是 1929 年 5 月 6 日，是农历三月二十七日立夏节这一天，所以被称为“立夏节”起义。而起义的地点，是在当时河南省商城县南部地区（现属安徽省金寨县西部），所以又称商南起义。之后“六霍起义”主要是在金寨东部地区的金家寨、古碑、七邻、燕子河、麻埠、流波䃥等地（时属六安、霍山、霍邱辖区）爆发的。

一、彪炳千秋的立夏节起义

1929 年 5 月 6 日（农历立夏节），在中共商罗麻特别区委的领导下，安徽金寨西部的汤家汇、南溪、斑竹园、吴家店等地区爆发了彪炳史册的立夏节起义，并取得全面胜利。

立夏节起义的全面胜利是中国共产党正确领导的结果。1929 年 3 月 13 日，中共豫东南特委和鄂东区特委在河南柴山堡附近的南竹园举行联席会议，作出“积极准备，尽快发动商南起义”的决定。由于当时商城县委遭敌破坏，会议决定商南党组织暂归鄂东区特委领导，以便就近指挥。为加强鄂豫边区领导，鄂东区特委决定将商城的南部、罗田的北部、麻城的东部划为一个特别区，成立中共商罗麻特别区委，领导商罗麻三县边区的工作。

4 月，中共商罗麻特别区委在金寨吴家店太平山成立，徐子清任书记，徐其虚、李梯云、肖方、周维炯、廖炳国等为委员。特别区委下辖罗田北部两个区委和商城和区、乐区两个区委。5 月初，鄂东北特

立夏节起义主要领导人徐子清（1903—1929）

委派红十一军军长兼红三十师师长吴光浩率10余人枪，由柴山堡到商南帮助发动武装起义。途中在罗田滕家堡遭当地反动民团包围，全部壮烈牺牲。这样，指挥商南起义的领导任务便由中共商罗麻特别区委独立承担。

随后，商城反动当局便加紧“清乡”、各地民团都在内部清查可疑分子，中共商罗麻特别区委认为：准备已久的武装起义如不适时发动，地方党组织和革命力量随时都有遭受破坏的可能。于是，便于5月2日在金寨吴家店太平山穿石庙召开紧急会议，研究举行起义问题。会议分析了当时的形势和举行起义的条件，一致认为党在商南的工作发展很快，已掌握了一定的武装，与其坐等敌人来收拾，不如利用现有力量先发制人。经过慎重地分析和研究，会议决定改变原定在中秋节举行起义的时间，提前到5月6日（阴历3月27日）“立夏节”的晚上，趁民团忙于过节、疏于戒备之机，举行“立夏节”武装起义。为此，专门成立了以徐子清、肖方为主要成员的起义指挥部，并制定了周密的起义计划。

5月4日，商城县县委委员李梯云协助商罗麻特别区委书记徐子清，在金寨关庙墨园高氏祠召开商南各支部和农民武装负责人会议，传达特别区委的决定，具体部署起义行动。按照计划，起义采取统一指挥、分区域行动的方式进行。总指挥部设于斑竹园桥口的王家下湾，军事行动由徐其虚、周维炯负责；廖炳国、漆先棣负责同各地联络。各主要起义点的领导人和任务是：周维炯、肖方、毛月波等负责丁家埠、李家集、斑竹园等地的起义，解决杨晋阶民团；徐其虚、郑延青等负责领导沙河、禅堂一带的起义，解决郑其玉民团；徐子清、廖业麒、汪永金等负责吴家店、竹叶庵一带的起义，解决柯寿恒民团；詹谷堂、袁汉铭、漆禹源等负责领导南溪农民起义。其余各点的起义，均由当地党支部负责组织领导。起义时间统一定为 5 月 6 日午夜。至时，以丁家埠为主，采取“民团起义与农民起义协同配合，各处起义同时行动”的方法，一举歼灭商南和区、乐区两区的三股民团，夺取武装，开仓分粮。到 5 月 9 日，各路起义武装会师斑竹园，建立工农红军和人民政权，开展土地革命。

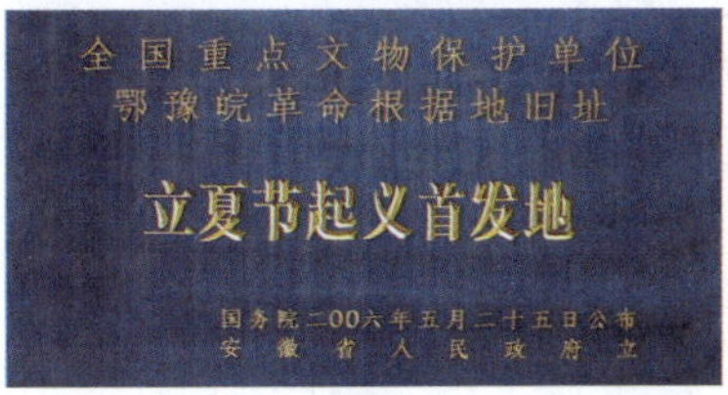

全国重点文物保护单位：立夏节起义首发地（南溪镇丁家埠大王庙）

会后，各起义区的党组织按照特别区委的布置，紧急行动、积极准备。

5 月 4 日傍晚，天还有点寒意，周维炯在丁埠大王庙的后山树林里秘密召开会议，传达墨园高氏祠会议精神，研究智取大王庙、全歼丁家埠民团的行动方案。

立夏节的前一天，正好轮到周维炯“值星”。他找到民团中队长吴成格、队副张瑞生出主意：“队长、队副，明天是立夏节，叫兄弟们把

周维炯故居

屋里屋外打扫打扫，整一下，好让弟兄们干干净净地过个痛快节。”2人一听，满口赞同：“好好，周班长，一切由你安排。”

早饭后，周维炯吹哨子集合队伍训话：“明天是立夏节，队长叫我们打扫房子，把床铺和一些零零碎碎的东西都清理一下，枪支弹药划块地方放在一起，不准随便乱放。”在周维炯的指挥下，团丁们七手八脚地干起来。忙完一阵，里里外外收拾得干干净净，枪支弹药整整齐齐地挂在正屋的墙上。其实，这是周维炯为了在暴动时更方便地控制枪支想出的办法。这个办法还真把那些不知底细的团丁蒙在鼓里了。他们一个个高兴地咧着嘴笑，称赞道：“整理一下，就比那个窝囊劲好！”

5月6日，民团总头目杨晋阶派人给丁埠民团送来了过节的薪饷，丁埠街上的商人绅士和附近的农户送来了摊派的鸡、鸭、鱼、鸡蛋、米酒。伙房里忙开了，一股股诱人的香味直往鼻子里灌。那些兵痞团丁们早就等得不耐烦了，嘴里直流口水，恨不得立即把那些美味全都

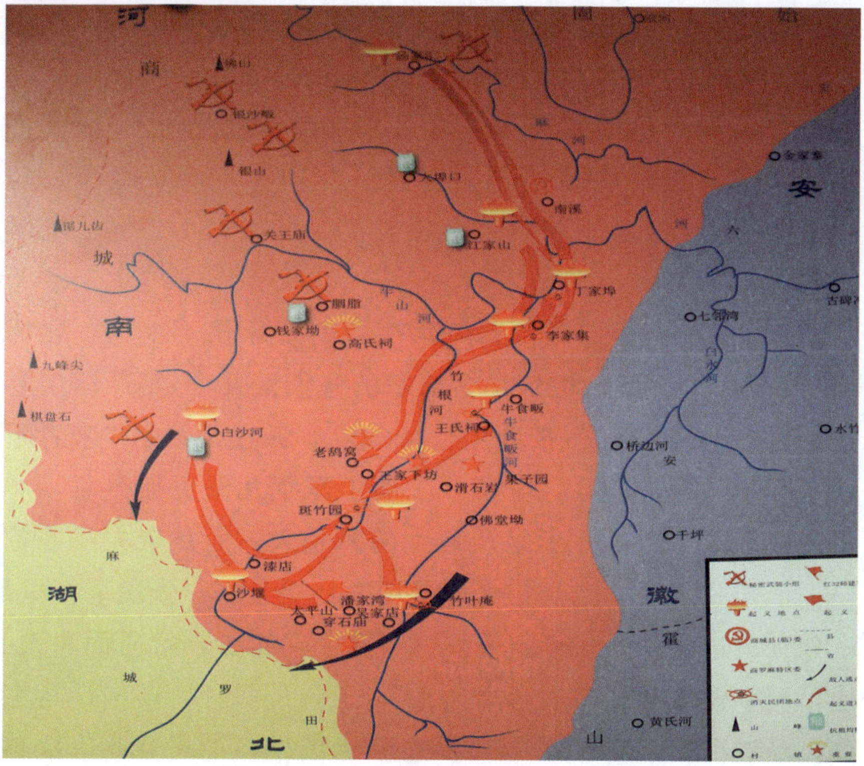

立夏节起义示意图

吞到肚子里去。我们的同志也在焦急地等待着夜晚的到来。

好不容易等到天黑，吃晚饭的时候到了。周维炯吹起了集合哨，点名时发现团丁田继美没到，生气地责问道："田继美，吊儿郎当的到哪去了？吹哨子集合没听到？弟兄们等着过节，你尽耽误时间！"田继美一面系裤子，一面嘴里嘟噜着："我在屙屎，哪能听到哨子响，管天管地，也管不了人家屙屎放屁！"周维炯听到田继美顶嘴，便发了脾气："来晚了，你还敢顶嘴！眼里还有没有我，耽误过节，罚你今晚站三根香的岗。"田继美很不情愿地站岗去了。晚上过节，那些团丁酒鬼们谁都想多喝几盅，谁也不愿站岗，这下见站岗有人了，心里不由得高兴起来。其实啊，这是周维炯为了在暴动时把大门哨掌握在自己人手里，故意在敌人面前演的一场"戏"。

晚饭开始了。5 张圆桌上摆满了鸡呀、鱼呀、肉呀、酒菜等，团丁们围了上去，一个个狼吞虎咽地吃了起来，我们的同志也按原定计划分别坐在各桌。席间，周维炯抓过一把酒壶，说：“弟兄们，今天过节，为了吴队长今后官运亨通，步步高升，我们敬他一杯酒，好不好?”话音刚落，一片赞成声。紧接着一些团丁也跟着起哄，起来敬酒，一会儿就让队长吴承阁喝得摇摇晃晃，醉得站不住脚，进屋休息去了。

周维炯又把矛头指向副队长张瑞生，这个家伙不上当，死活不接受敬酒，并说：“别敬，别敬，会猜拳的我们猜几个。”严运生卷起袖子：“我陪队副来几拳。”张瑞生自恃拳高，傲慢地说：“来者不拒。”两人就干开了。开始严运生输了，张瑞生赢了几拳更加得意，严运生仍满不在乎跟他来。这并不是严运生的酒量大，而是事先就准备了两把壶，一把壶装酒，一把壶装水，严运生杯里是水，张瑞生杯里是酒。时间一分分地过去了，张瑞生拳好赢得多、输得少，这局面叫人心急。慢慢地，周维炯发现张瑞生老出“三”“五”的短处，就向严运生发了个暗号。经这一指点，严运生反手连胜张瑞生，不一会儿，就醉成了一滩泥。

酒喝到这会儿，那些团丁们一个个吃得烂醉，有的呕吐，有的发酒疯，有的又哭又笑……洋相百出。周维炯见时机已到，喊了声动手，同志们立即收了墙上的枪支，把张瑞生捆个结结实实的，并叫醒了吴承阁。这时外面接应的同志已到，严运生朝天空打了几枪，大声叫着：“共产党来了!”那些团丁们一听可慌了，酒也吓醒了，一个个乖乖地当了俘虏。周维炯向民团士兵讲话：“弟兄们，不要惊慌，我们就是共产党，我们共产党是专门打富济贫的，是给穷人出力撑腰的，有愿意干的就留下，不愿意干的可以回家。”民团士兵大多数都是些没办法生活被骗来当兵的，又加上平时受到周维炯同志的影响，见周维炯就是共产党，又听到共产党是打富济贫的，大多数都愿意留下来干。

丁埠民团暴动成功后，周维炯立即派了4个同志连夜去汤家汇杨晋阶家取枪。4人抄近路翻山越岭，直奔汤家汇。到了杨晋阶家，叫开了门。杨晋阶的大少爷在家，问："什么事?"我们的同志说："李集发现了共产党，'炯爷'叫我来取枪，好去打共产党。"大少爷听说是打共产党，就让人把枪交给了我们的同志。取枪的同志正要离开，国民党一个清乡委员住在杨家，听说打共产党，非要跟着一块去，我们的同志满口答应。刚翻过一个山头，那家伙累得走不动了，又改变主意要回去，我们的同志说："好！送你回老家吧!""叭"地一枪，把这个罪大恶极的家伙干掉了。

立夏节之夜，吴家店、包畈、斑竹园、沙堰、沙河、西河、丁家埠、李集、南溪等10多个地方在丁埠民团暴动的同时都举行了暴动，并取得了全面胜利。

吴家店竹叶庵驻有罗志谦民团30多人（原系柯寿恒的一部）。立夏节午夜，徐子清、廖业麒、汪永金、周世觉等带领农民武装50多人，将竹叶庵围住，由民团中的共产党员周厚玉、林树生作内应，顺利摸掉敌人的岗哨。农民武装冲进去，敌人全部投降。

沙堰（现属斑竹园镇漆店）徐王庙驻有岳正富民团一个班。在解决了斑竹园的文昌宫民团同时，李梯云、林英谷等带领沙堰农民自卫军30多人在打入敌内部的共产党员徐先甫配合下，以给岳正富送信为名，喊开了大门，包围了敌人寝室。李梯云大喊："我们是农民自卫军，你们要不投降，都休想活命!"团丁们听说岳正富已经投降了，自己又被包围，只得缴械投降。接着，农民自卫军又连夜奔袭长岭关附近的大屋湾，活捉了国民党河南省党部委员、大恶霸罗维楚。

沙河卢银冰民团20多人驻在沙河佛缘庵里。徐其虚、郑延青率领隐蔽在太平山上的张贻志等30多名农民武装人员，经柏树冲直奔沙河。午夜赶到后，和白天已埋伏在山上的共产党员杨珂领导的20多名农民自卫军一起，将佛缘庵包围。打入民团当兵的共产党员阮绍宏等密切配合，用事先准备好的煤油火烧民团营房。从梦中惊醒的团丁仓惶外逃，徐其虚、郑延青率领农民自卫军乘势猛攻，打死4人，卢银冰逃跑，其余全部当了俘虏。接着又在当地农会会员葛海洲等人的配合下，攻打恶霸地主漆继堂的庄园，处决3个反动分子，开仓分粮。

南溪是商南的一个较大集镇，豪绅势力较大，商城反动政府认为统治有力，没有派民团驻扎。立夏节前一天，共产党员詹谷堂、袁汉铭、漆禹源等召开了南溪各支部书记会议，决定组织农民武装和农协会员，立夏节晚上到南溪火神庙集会。

立夏节午夜，洪学智、闵鸿友、陈伯禄等200多名联庄队员、农协会员和陈觉民率领的明强学校一部分师生，举着红旗，拿着火把、大刀、土铳，集会火神庙。詹谷堂在会上宣布南溪农民暴动胜利，建立农民政权——农民委员会，鸣枪、放爆竹庆祝胜利。詹谷堂还即兴写了一副对联，贴在火神庙大门上。上联是：红军初暴动，应教普天赤化；下联是：政权新建立，喜看遍地红花。暴动队伍当夜打了碾子湾陈玉丰、黄鹤湾林亚东等10多户土豪，分了他们家的粮食。

党领导的立夏节暴动成功了！在党组织的正确领导和精心组织下，各个暴动点捷报频传，起义人员无一人伤亡，十分顺利。一夜之间，杨晋阶民团被基本瓦解，柯寿恒、郑其玉两民团大部被歼，余者皆逃往麻城和罗田。整个吴家店、斑竹园、南溪地区基本上为党组织领导的革命武装所控制。

5月9日，各路起义大军从四面八方汇集到斑竹园朱氏祠，宣布成立中国工农红军第十一军三十二师，周维炯任师长，徐其虚任师党代表，我们党在鄂豫皖地区的第2支红军队伍诞生了！

立夏节起义在我党我军的发展史上具有重要的地位和突出的贡献。立夏节起义所诞生的红三十二师是大别山区最早的红军队伍之一，是中国工农红军第十一军、第一军、第四方面军和红四方面军的重要组成部分，是人民解放军的重要源头之一。立夏节起义和地区爆发的六霍起义，分别创建了以金寨为中心的豫东南革命根据地和皖西革命根据地，与鄂豫边革命根据地联成一片，成为全国第二的鄂豫皖革命根据地。金寨又是鄂豫皖革命根据地的中心区域和苏区建设的典范。

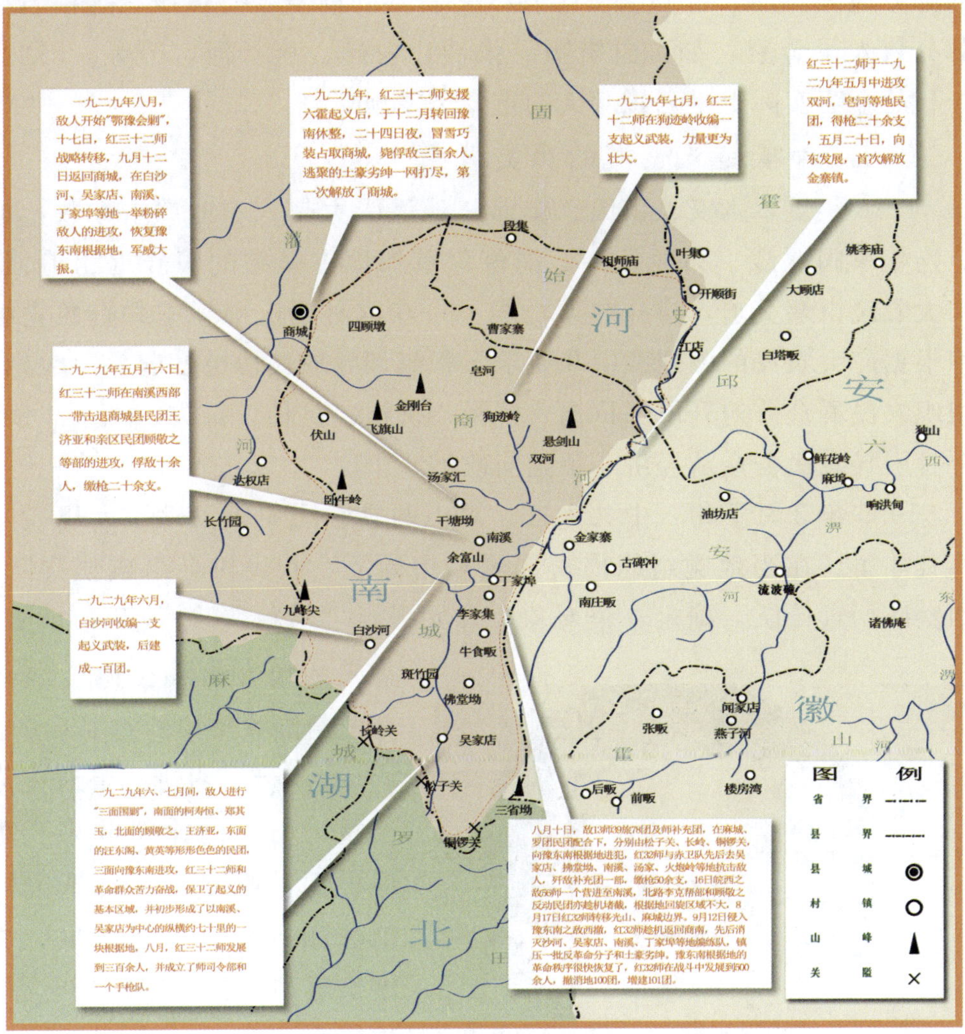

豫东南根据地初期形势图

二、永载青史的六霍起义

六霍起义是继黄麻起义、立夏节起义（商南起义）之后，在鄂豫皖边区爆发的又一次大规模的革命武装起义。起义从 1929 年 5 月开始拉开序幕，到 11 月上旬进入全面爆发阶段，最后取得全面胜利。起义的爆发地，主要集中在当时安徽金寨东部的原六安、霍山、霍邱 3 县的部分地区。1932 年设置立煌县（金寨县的前身）时，该三县相当一部分划入了金寨，如：白塔畈、张冲、古碑、燕子河，等等。因此，今日的金寨实际上是六霍起义的重要爆发地。

（一）六霍起义爆发的历史背景

1928 年夏，六安、霍山、霍邱 3 地遭受大旱，农业严重歉收，加上连年军阀混战、兵匪掠夺、捐税苛重和地主豪绅的疯狂逼租追债，广大农民饥寒交迫，挣扎在死亡线上。在这种情况下，中共皖西党组织根据广大农民的强烈意愿和要求，积极领导农民协会扛起斗争大旗，组织农民群众普遍开展了抗捐、抗税、抗租、抗债、抗夫、抗丁斗争，并且引导农民群众从经济斗争走向政治斗争。

1929 年 3 月下旬，中共六安、霍山两县县委组织发动了大规模的春荒斗争。在当地党组织周密部署和指导下，农民协会组成侦察队、纠察队、宣传队，确定斗争对象，开始强行“借粮”，进而开仓扒粮，得来的粮食由农民协会统一分配给断炊缺粮的贫困农户。

六霍起义领导人之一：袁继安（1901—1931）

金家寨、古碑冲等地灾荒严重，山上的榆树叶子、葛藤根都被吃尽。区委书记桂伯炎和区委委员桂杰生、袁继安等利用青帮首领桂海洲、桂绍堂、袁成翥等江湖义气，请他们出面同金家寨大商号朱鼎元、吴致和商量借一部分粮食给饥饿农民。朱、吴非但不借，反而以“买青苗”等形式，高利放债。1929 年正月 13 日，300 多名农协会员和 50 多名青帮会众向朱、吴“卖青苗”。朱、吴两家真以为发财机会到了，谁知粮仓一开，农协会员、青帮会众300多人一拥而进，顷刻之间，分掉了朱、吴两家1000多担粮食。

5月初，金寨西部汤家汇、南溪、斑竹园、吴家店等地爆发的立夏节起义胜利后，成立的中国工农红军第三十二师首次东进作战、来到六霍地区，极大地鼓舞和支援了这里的春荒斗争。这场斗争持续两个多月，不仅壮大了农民协会的力量，而且严惩了罪大恶极的土豪劣绅，为举行革命武装起义打下了较好的基础。

（二）六霍起义主要经过

1929年5月初，中共霍山县委领导了诸佛庵民团起义。5月17日，中共六安西北区委领导了武陟山农民起义。随后，金寨境内南庄畈、金家寨、流波䃥等地接连爆发武装起义。

南庄畈与丁家埠邻近，驻有六保保董汪建青主持的六保联络自卫团30多人枪。1928年春，中共六安县委委员桂伯炎和六安六区区委负责人袁继安利用关系，选派共产党员袁皋甫、何子凡打入六保联络自卫团。后来袁皋甫担任了自卫团团长，何子凡担任军事教练。他们在士兵中发展汪庆植、胡家林、袁成林加入共产党，成立了党支部，袁皋甫任支部书记。

1929年5月6日立夏节起义胜利后，中共六区区委即派袁继安、袁成林前往商南邀请红三十二师支援六保自卫团起义。5月18日晚，周维炯师长率领红三十二师九十七团首次东征作战，在南庄畈和六区农民自卫军包围了六保保董汪建青住宅，将汪建青活捉，要他命令自卫团缴械。汪建青见大势已去，只得老老实实命令自卫团向红军缴械。自卫团30多人除少数几人外，其余全部起义。起义人员和六区自卫军100多人一分为二，一部分编入红三十二师补充团，袁皋甫、何子凡分任正、副团长；一部分编成了六区游击队，桂伯炎任队长，袁继安任党代表，桂杰生任副队长。

金家寨是当时皖西的商贸重镇。5月20日，周维炯和肖方率三十二师九十七团和六区游击队进攻金家寨守敌汪东阁商团，袁成翥率农协会员一千多人在金家寨东南两侧配合进攻。经过半小时激战，活捉敌团副余传宗和汪东阁之弟汪三少，汪东阁率残部溃逃麻埠。在立夏节起义中被捉后又潜逃到金家寨的丁家埠民团团总杨晋阶又被抓获。攻打金家寨取得了胜利，红军缴获了大量物资和银元。

莲花山是皖西的名山，位于金家寨东部。红三十二师攻打金家寨后，周维炯师长拨 50 人枪给共产党员毛月波，并派毛月波的胞弟、红军战士毛习之作为他的助手，命他重返起义前从事革命斗争的莲花山，发展革命武装，扩大根据地范围。毛月波兄弟二人率领队伍来到莲花山，宣传革命道理，动员农协会员和贫雇农开展打土豪斗争，组织建立了“收契委员会”，没收了地主老财的田产，焚烧地契，整个莲花山方圆几十里，革命斗争如火如荼地开展起来，革命武装也很快发展到近 200 人。12 月，经上级批准在陈家祠堂正式成立了混成团，毛月波任团长，毛习之任副团长，汪济平任党代表，下辖 3 个营。混成团和六区游击队遥相呼应，开创和保卫六安六区根据地。

流波𬉼是当时皖西大别山区的又一商贸重镇。5 月 20 日，周维炯率红三十二师和六区游击队攻克金家寨后，21 日凌晨到张冲与吴江、黄安仁、陶光明等共产党员组织的农民赤卫军汇合。接着，兵分两路，南北夹攻，中午将流波𬉼朱盂功团匪 30 多人包围。经过短暂战斗后，毙伤敌 10 余人，缴枪 10 多支。5 月 22 日，在流波𬉼召开有千余人参加的群众大会，公审和枪毙了反动头目陈云德，成立了流波𬉼农民协会和流波𬉼游击队。陶光明任农会主席，吴江任游击队长，下辖 3 个分队，共 60 余人。

8 月 5 日，由中共中央巡视员方英主持，在六安、霍山两县边界的豪猪岭召开了六安、霍山、霍邱、寿县、英山、合肥 6 县党的负责人联席会议，参加会议的有 40 多人。会议的主题是研究六安、霍山两县党组织建设及发展农民运动等问题。

豪猪岭会议以后，皖西各地加快进行全面武装起义的准备工作。

六安、霍山两县的农协会员已迅猛发展到5000余人，全面发动六霍起义的条件日趋成熟。

10月初，根据中共中央指示，中央巡视员方英在六安县郝家集再次主持召开六安、霍山等6县党的代表大会，正式成立中共六安中心县委，舒传贤任书记，桂伯炎任组织部长兼宣传部长。六安中心县委取代六霍县委，直接指导六安县的7个区委、3个特支，并负责指导霍山、霍邱、寿县、英山、合肥5个县委的工作。这次会议检查和讨论了举行秋收革命武装起义的准备工作，进一步分析和研究了全面发动六霍起义的主客观条件。会后，六安中心县委成员即分赴各地，全力投入全面发动秋收起义的紧张工作。

六霍起义主要领导人：舒传贤（1899—1931）

独山暴动、西镇暴动形成了六霍起义的高潮。1929年11月7日傍晚，驻六安独山镇之敌六安第三区“自卫团”魏祝三部，突然逮捕了六安三区二乡农民协会常委兼秘书何寿全等人，搜去该区农民协会名单及秘密文件，使该地党组织和农民协会面临破坏的危险。六安中心县委接到报告后，连夜召开紧急会议，当机立断地作出决定：立即举行起义。

11月8日晨，独山周围15个乡的数千农民，手持大刀、长矛、土枪，从四面八方涌向独山镇，将敌人驻地马家祠堂团团包围，夺取了敌人哨兵枪支。守敌慑于起义队伍的声威，被迫释放何寿全等人，交出了 10 多支枪。起义队伍占领了独山镇。

独山暴动胜利后，六安中心县委于 9 日通知六安各区和邻近各县立即举行武装起义。由此，六霍起义掀起了全面爆发的高潮。接着金寨境内的麻埠、金家寨、七邻湾、古碑、西镇、白塔畈等地都爆发了革命武装起义。

麻埠是皖西一个历史悠久的名镇，以产茶麻而著称。11 月 17 日下午，由总指挥鲍益三、副指挥及党代表方英等率领六安三区游击队和赤卫队 2300 余人，分三路围攻麻埠。起义军与敌激战 4 小时，后因驻六安之敌向麻埠增援，红三十二师未能及时赶到，起义军被迫于 21 日撤出战斗。攻打麻埠的战斗，虽然未取得胜利，但数千农民起义军凭着土枪、大刀、长矛向敌围攻达 4 天之久，显示了农民起义军的巨大威力。

金家寨时属六安六区，接到中共六安中心县委关于立即组织大规模农民武装暴动的通知后，六安六区游击队和农民自卫军在六安县委委员桂伯炎、袁继安领导下，准备再次攻打金家寨汪东阁商团，同时发动金家寨、古碑冲、七邻湾一带农民举行武装起义，建立苏维埃政权。

11 月 16 日晚，汪东阁商团住在龚家祠堂的消息被六区游击队探知。队长桂伯炎集中六区游击队和农民赤卫军 300 多人，冒雨向龚家祠堂进军，午夜将敌人包围。住在龚家祠堂里的 80 多个敌人全部被俘，缴枪 60 多支。第 2 天，中共六区区委在金家寨镇中心的帝王庙召开群众大会，区委书记袁继安宣布六区农民暴动胜利，成立六安六区农民协会，主席袁继安（化名汪洪涛），改六区游击队为六区游击大队，大队长桂伯炎，党代表桂杰生。

18 日，七邻湾在共产党员朱盛元、王立贵等领导下，农民自卫军在帝王庙召开群众大会，成立农民委员会，朱盛元任主席，王立贵、刘平荣、王大章为委员。会后，开展清理地主财产和分地主浮财的斗争。与此同时，古碑冲的农民也举行了暴动。

西镇区原属霍山县管辖，包括现在金寨县的燕子河地区和霍山县的漫水河地区一部分。在党组织正积极准备武装暴动之际，敌人也磨刀霍霍，正准备向党组织和农民协会进攻。反动西镇事务所秘密召开西镇各绅董会议，决定在全区逮捕共产党人和农民协会骨干。这个消息被西镇党组织探知后，徐育三、刘仁辅等立即开会研究。区委当机立断，决定先发制人，立即举行武装起义。并随即派人飞报红三十二师，请求支援。

11 月 19 日，红三十二师师长周维炯率红军 80 多人，一路急行军于午夜赶到燕子河，与徐育三、刘仁辅、高天栋等率领的 100 多名赤卫军会合，决定首先进攻闻家店之敌。结果一举击溃了驻闻家店的民团，俘虏该团队长陈先觉以下 20 多人，缴获钢枪 20 多支。

起义队伍随后包围了楼房湾大地主余良池、燕子河大地主余良远的庄园，缴获其自卫枪支 20 多支，并打开粮仓，把粮食分给贫苦农民。

起义队伍当夜向长山冲进发，天亮前包围了周家院子，活捉了正在开会的王多宏等 5 名反动分子。第二天，暴动队伍向西镇事务所漫水河进攻，迅速击溃漫水河自卫团，西镇事务所、经济维持会等反动机构被捣毁。西镇暴动大获全胜，红三十二师回师丁家埠，途中又“捎带”打了 3 个保安团。

随后，暴动队伍乘胜打击土豪劣绅，没收财物，开仓放粮，并将部分财物分给贫苦农民。随着群众革命热情的高涨，暴动范围迅速扩大到回头岭、上土市、黄栗杪、深沟铺、太平畈、杨家河等村镇。

西镇暴动胜利后当地群众编的歌谣

河南老红军，来到我西镇，
钢枪打前提，后跟赤卫军。
先打闻家店，后打楼房湾，
回头捎带打了三个保安团。
打土豪，杀劣绅，
反动团总消灭净。

西镇暴动后当地民谣

前后三天时间，整个西镇地

区反动势力几乎全被消灭，方圆百里，完全被农民武装占领。

由于西镇地区战略地位重要，六安中心县委决定把西镇作为皖西根据地的中心进行建设。建立了西镇地区革命委员会，负责各乡、村政权建设，不久即在燕子河闻家店成立了霍山县第六区苏维埃政府。西镇党组织还把暴动后的农民赤卫军编为有360余人的西镇游击队，分为60个小队。并成立了总指挥部，徐育三任总指挥，刘仁辅任副总指挥。西镇游击队是当时皖西三大主力武装之一。

随后，在党组织的领导下，乡、村苏维埃和赤卫队及青年、妇女、少先队、儿童团等组织也都陆续建立起来。

西镇地区武装暴动的胜利，为皖西根据地创建提供了极为有利的条件。1930年1月，中共六安中心县委和中共霍山县委都迁驻燕子河闻家店的灵岩寺办公，领导皖西地区革命斗争的开展，西镇成为皖西地区的革命中心区域和一块巩固的根据地。

1930年2月16日，徐育三率领西镇游击队支援霍山桃源河农民暴动，镇压恶霸地主，没收和分配地主财产，缴枪30多支，霍山县自卫团团总秦华轩率领县民团200多人枪前来围剿，徐育三指挥游击队和赤卫队分别埋伏在道士冲两侧山林里，毙伤敌人60多人。

白塔畈暴动为六霍起义划上了圆满的句号。白塔畈原属霍邱县南四区管辖，既是中共霍邱县委书记杨晴轩的家乡，又是他和共产党员李大刚、汪映西、潘荣初、袁新民、台传铸、台传钧等秘密活动的阵地，也是霍邱县武装暴动的重点。

12月20日晚，杨晴轩、李大刚等率领100多名农民自卫军，里应外合夺了王家老楼枪支。杨晴轩、李大刚立即率领部分农民自卫军攻打白塔畈顾少山警备队。顾少山一听枪响，便带队伍向叶集逃跑了。这时，霍邱县驻大顾店的警备营一个排，由排长共产党员汪志来（汪映西之兄）率部哗变，赶来白塔畈，参加了起义队伍。当晚又打了雷家大圩子和地主金耀山护庄队，得钢枪10多支。

白塔畈暴动是中共霍邱县委直接领导的全县第一次武装起义。为巩固暴动胜利成果，将六安、霍山及商南地区革命武装和根据地连结起来，互相呼应，12 月 23 日，县委在白塔畈王家老庄子召开群众大会，镇压了罪大恶极的恶霸地主金耀山，成立了霍邱县第一区苏维埃政府，汤正铎任主席，吴忠池任区委书记，下辖 13 个乡。农民自卫军和汪志来哗变武装编为霍邱县游击队，活动于霍邱、六安、商城县边区。

此后还有六安县徐家集民团起义、霍邱县尧冲农民起义等多处小规模的武装起义。

（三）六霍起义胜利后，迅速组建红三十三师

1930 年 1 月 20 日，六安中心县委将安徽红军游击队第一纵队（独山起义的革命武装）、第二纵队（西镇游击队武装）集中到流波与先期到达的六安六区游击大队会合。在此，舒传贤主持召开六安中心县委常委和游击队党团负责人联席会议，宣布将上述 3 支游击队合编为中国工农红军第十一军第三十三师，由合肥特别区派来的军事干部徐百川任师长，鲍益三任党代表，姜镜堂任师委书记，张建民任政治部主任（数日后由姜镜堂兼任）。红三十三师始辖两个团：第一纵队与六安六区游击大队一部合编为第一〇六团，冯晓山任团长，高天栋任副团长，余爱民（即詹慕禹）任党代表；第二纵队和六安六区游击大队一部合编为第一〇七团，徐育三任团长，李锡三任副团长，孙能武（即汪维裕）任党代表。全师 200 余人（其中党员 40 多人），长短枪 145 支。

红三十三师成立后，于 1 月 30 日（农历正月初一）凌晨，在霍山游击队、赤卫军 2000 多人配合下，分三路进攻霍山县城。激战到下午四时，攻下霍山县城，成为红军在安徽省攻克的第一座县城。

红军进城后，打开监狱，释放被捕群众 50 多人。为避免伤亡，红三十三师于当晚主动撤出县城。第一〇七团开往西镇，第一〇六团奔赴流波疃一带。

在六霍起义胜利的影响下，皖西潜山县请水寨一带于 1930 年 2 月

4 日也爆发了较大规模的农民武装起义。并将原来的秘密武装和部分起义群众组建为工农革命军潜山独立师，共 100 余人。后来，配合红三十三师投入了一系列战斗。

（四）红三十二师、三十三师协同作战，共创皖西革命根据地

六霍起义胜利和红三十三师成立后，红三十二师积极配合支援红三十三师，并肩作战，巩固六霍苏区胜利成果，不断扩大苏区范围，积极创建皖西革命根据地，并使豫东南和皖西两块革命根据地连为一体。

1930 年 2 月中旬，红三十二师为支援三十三师巩固和扩大“六霍苏区”，派周维炯率两个主力团第三次东进皖西。

为了便于统一指挥和行动，两师组成了前敌总指挥部，由周维炯、徐百川分别担任正副总指挥。红三十二师和红三十三师协同作战，首先攻占麻埠，缴枪 30 余支；接着乘胜追击溃逃之敌，连续攻占独山、两河口，给予张季荃部和独山“自卫团”以沉重打击，缴“自卫团”枪 16 支。继之又歼灭窜犯流波之敌英山“自卫团”一部，缴枪 10 余支。至此，独山、麻埠一带起义的基本区域完全恢复。

1930 年 3 月 21 日至 25 日，中共六安中心县委在现金寨境内的七邻湾关帝庙召开了所辖六安、霍山、霍邱、英山、寿县、合肥六县党的负责人和红三十三师领导人联席会议，提出了“动员六县全党同志”，“推进六县的革命高潮”的总任务，作出了政治任务、六县工作计划和军事问题等九项决议案，强调党对政权和红军的绝对领导，彻底执行土地政纲。这次会议有力地推动了土地革命的开展和革命根据地建设。七邻湾会议之后，以红军游击战争和农民武装起义相结合的工农武装割据斗争在皖西各地形成了燎原之势，苏维埃政权纷纷建立。

4 月 6 日，红三十三师根据中共六安中心县委的指示，派第一〇七团和潜山工农革命军协同英山游击队，前往英山开辟新区。4 月 8 日攻克英山县城，在英山县东北部开辟了一块纵 30 余公里、横 20 余公

里的与霍山县苏区相毗连的新区。随后，建立了英（山）霍（山）边区苏维埃政府，黄永吉任主席。

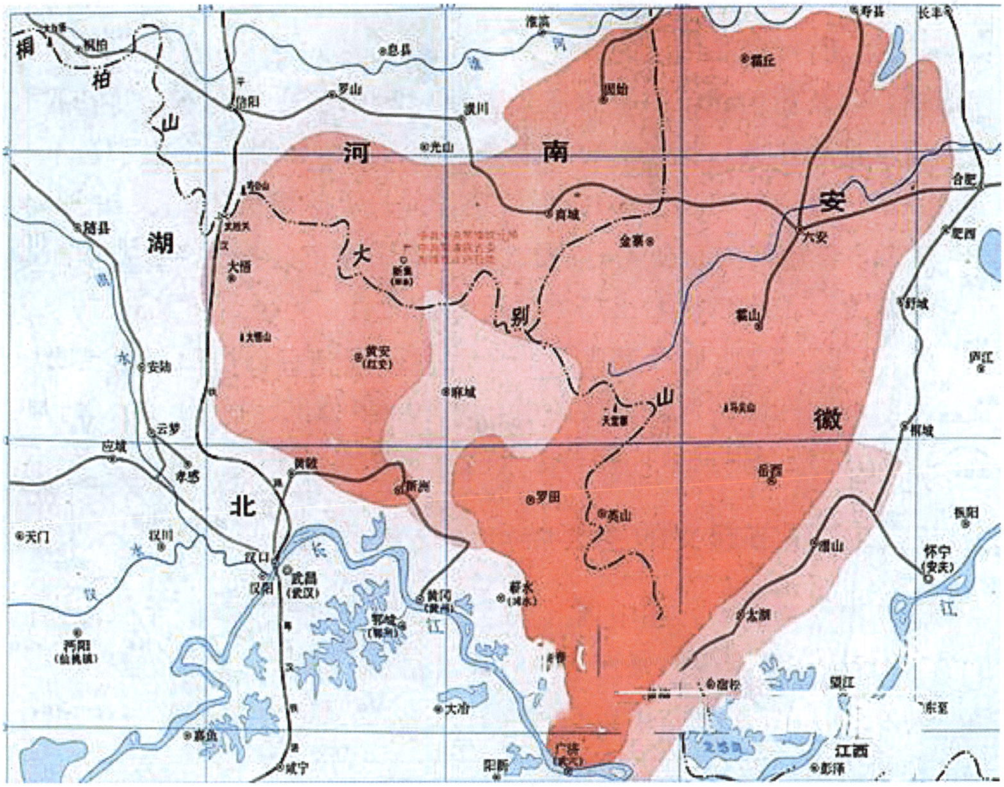

鄂豫皖革命根据地形势图

4月12日，应中共霍山县委邀请，红三十二师两个团、红三十三师全部和潜山工农革命军，再度向霍山县城发起进攻。在第二次解放霍山县城的战斗中，红军和赤卫队共毙、伤、俘敌200余人，缴枪80多支，活捉敌县自卫团总指挥秦华轩，使霍山县反动势力遭到沉重打击。霍山县苏维埃政府随即宣告正式成立，主席曹品三（又名汪正发），党团书记高维琪。

红军第二次解放霍山县城后，立即乘胜进击下符桥、三尖铺、青山一带，在东北一区起义农民的配合下，全歼六安县的两个反动民团。中共六安县三区区委领导赤卫队，则乘机再一次摧毁了敌人反攻后在郝家集、西两河口等地建立的反动统治，组建了一支200多人的游击队。随着六安县老区的恢复和新区的开辟，六安县革命委员会于1930年春成立。

4月下旬，红三十二师和红三十三师各一部配合潜山工农革命军打回潜山，收复衙前镇，再克水吼岭，重建天堂革命根据地，并且使其与六霍根据地连成一片。潜山工农革命军随之改编成为工农革命军第三十四师（一说是四十三师），王效亭任师长，陈履谦任政委。全师共200多人，长短枪100余支。5月3日，潜山县革命委员会在衙前镇宣告正式成立，卫赤（原名王焰才）任主席。

到4月底，皖西地区形成了一个北起丁家集、白塔畈，南至金家铺、水吼岭，东抵淠河，西接商南，纵100多公里、横50多公里、人口40多万的革命根据地，并与豫东南革命根据地连为一体。

三、立夏节起义的主要特点及历史贡献

1929年5月6日，在中国共产党直接领导与组织下，在商南地区（今安徽省金寨县境内）爆发了革命武装暴动。因暴动之日为农历立夏节（即农历3月27日，阳历5月6日），故名“立夏节起义”。因暴动地区在原河南商城县南部，亦称“商南起义”。

立夏节起义是土地革命初期，鄂豫皖边区成功爆发的规模最大的一次革命武装斗争，在我党我军发展史上具有极其重要地位和突出的历史贡献。

（一）立夏节起义的主要特点

1. 同时起义的革命武装点多面广，前所未有。5月6日参加起义的民团士兵和农民武装在丁家埠、白沙河、斑竹园、李家集、吴家店、南流河、南溪、汤家汇、包家畈、沙堰（现为斑竹园镇漆店村）、西河桥等14个暴动点乘过立夏节之机，在深夜同时举行起义。起义区域长度达70余千米，宽度达30余千米，涉及地理范围达2100多平方千米。

2. 十四个武装暴动点由中共商（城）罗（田）麻（城）特别区委（1929 年 4 月在金寨县吴家店建立）统一领导、统一指挥、统一时间（午夜）行动。

由于商罗麻特委和起义指挥部科学决策、精心组织、工作严密、分工明确，14 个暴动点取得全面胜利，参加起义的民团士兵和农民武装近千人无一人伤亡，在我军发展史上前所未有。这是我军革命斗争史上一个奇迹。

立夏节起义指挥部旧址·金寨吴家店镇太平山穿石庙

3. 知己知彼，果敢决策。适时而动，以革命武装抗击反革命屠杀。这是立夏节起义的鲜明特点。大革命失败后，商城反动当局和反动势力疯狂进行反扑，大批共产党人和革命群众惨死在敌人屠刀之下。面对严峻的革命斗争形势，1929 年 5 月 2 日，中共商罗麻特别区委和中共南邑（商南）区委在吴家店太平山穿石庙召开会议，分析研究革命斗争形势和起义时机问题。一致认识到：虽然反动势力加紧“清乡”、残酷镇压革命力量，但商南大部分地区已建立了党组织和农民协会，并成立数支农民赤卫军，革命力量正处在发展壮大时期，革命群众革命热情高涨，武装起义条件已经成熟。必须立即举行起义，以革命武装抗击反革命大屠杀。若丧失有利时机，就会坐以待毙。于是商罗麻特委和南邑区委果敢决策：将原定在中秋节起义提前到立夏节。

由于起义时间提前近四个月，不仅有效地保存了大批革命力量；同时也大大增强了广大革命群众的信心和勇气；沉重地打击了反动势力的嚣张气焰。

4. “农运”与“兵运”结合。这是立夏节起义的重要特点之一。为了保证起义顺利进行，商南地区党组织提前做了两件大事：一是选派骨干力量到武汉黄埔军校和农民运动讲习所学习培训；二是利用关系，以当兵为名安排一些党员打入民团内部。据资料显示，到 1929 年春，商南地区民团中有党员 30 多人，如立夏节起义主要领导者之一周维炯，通过其舅父漆树仁（开明绅士）介绍加入丁埠民团当兵，先当班长，后任民团军事教官。丁埠民团是商南地区较大的一支地方武装，有 2 个中队、6 个班，50 多人枪。周维炯进入丁埠民团后，利用一切机会向士兵宣传马列主义，结拜了 20 多个士兵把兄弟，在出身贫困的士兵中发展了 7 名党员，成立了党支部，周维炯任支部书记。立夏节起义时，丁埠民团士兵一枪未放，除少数要求回家外，其余都参加了起义队伍，跟着共产党闹革命。

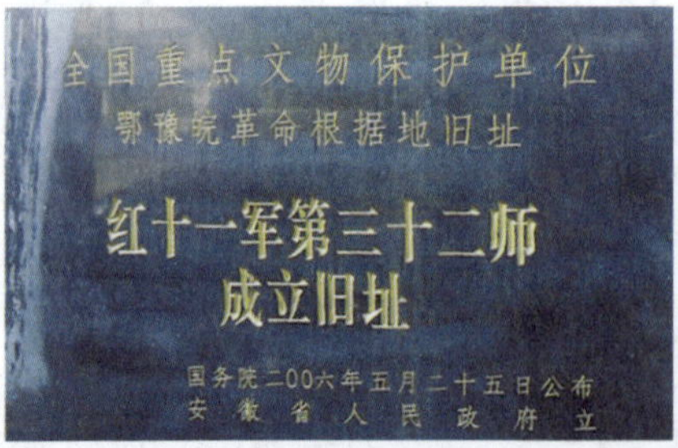

全国重点文物保护单位：红十一军第三十二师成立旧址（斑竹园朱氏祠）

5. 起义成果让广大农民共有共享。14 个武装暴动点在一夜之间，全部为革命武装所控制。立夏节起义取得成功，革命武装站住了脚。广大农民群众欢欣鼓舞，集会庆祝。在商罗麻特委和南邑区委领导下，立夏节起义胜利后，5 月 9 日即组建了红军队伍三十二师，成立了革命政权性质的农民委员会，组建商城临时办事处，建立了农民赤卫军，打土豪斗劣绅，废除苛捐杂税，宣布谁种谁有，分田分地，开仓放粮，弯弯山道和阡陌之间，拿着口袋，挑着箩筐的人群熙熙攘攘，往来不断。当时出现的人民翻身解放新景象，前所未有。

立夏节起义革命武装使用的刀、枪等武器

6. 为伟大建党精神谱写新的精神谱系。习近平总书记指出：“一百年前，中国共产党的先驱们创建了中国共产党，形成了坚持真理、坚守理想，践行初心、担当使命，不怕牺牲、英勇斗争，对党忠诚、不负人民的伟大建党精神，这是中国共产党的精神之源。”1927 年蒋介石叛变革命，大肆逮捕杀害共产党员和革命群众。在那风雨如晦的年代，金寨人民没有被国民党反动派血腥屠杀所吓倒，而是坚定跟党走，在党的“八七会议”精神指引下，不怕牺牲、英勇奋斗，择机举行立夏节起义，以革命武装反抗反革命武装。立夏节起义胜利后，建立了中国工农红军第三十二师以及数支农民革命武装，开展了艰苦卓绝的革命斗争，为中国革命事业建立了彪炳史册的功勋，诠释了坚贞忠诚、牺牲奉献、一心为民、永跟党走的大别山精神，与伟大建党精神、井冈山精神、苏区精神一脉相承，构筑起中国共产党人的精神谱系。

（二）立夏节起义的历史贡献

1. 立夏节起义的革命武装是人民军队的重要发源地

1929 年 5 月 9 日，即立夏节起义的第三天，十几路起义武装在斑竹园朱氏祠（今金寨县斑竹园镇）会师。商罗麻特委主持召开几千人大会，庆祝起义胜利，并公审处决了罪大恶极的官僚地主罗维楚。按照上级授予的红军番号，宣布成立中国工农红军第十一军第三十二师（简称红三十二师）。师长周维炯，党代表徐其虚，副师长漆得玮，政治部主任李梯云。下辖第九十七团、第九十八团、一个特务营、一个炸弹队。全师共 200 余人。不少进步青年当场踊跃报名参加红三十二师。起义领导人之一詹谷堂即兴撰写一副对联励志。上联为“斑竹满园，制作万杆长枪，维持共产”；下联为“红花遍地，训练三军大队，保障民权”。

红三十二师是金寨县境内诞生的第一支红军队伍，也是鄂豫皖边区最早建立的重要的工农武装之一。

立夏节起义胜利和红三十二师建立，使反动当局十分惊恐。信阳“绥靖”公署急令商城县县长李鹤鸣限期“剿灭”红军。县民团大队

（一说保安大队）大队长王济亚和亲区民团顾敬之率部倾巢出动，兵分两路由商城南下，妄图将新生的三十二师扼杀在革命的摇篮里。红三十二师制定了各个击破的作战方案。王济亚部近百名团匪被打得落花流水、溃不成军，红军歼敌 40 余人，缴获枪械 48 支。顾敬之见状不战而逃。李鹤鸣、王济亚因“剿匪”不力被革职。群众拍手称快，编歌唱道：“四月（此指农历）初七八，攻打王金牙（即王济亚。因王济亚嘴里镶有金牙，故称），王金牙不经打，一打就散花。哎哟哟，缴枪四十八。”

工农自己的武装——红三十二师在战斗中成长

红三十二师大败商城县民团之后，先后击退商城、麻城、六安反动民团的多路进攻。

红三十二师和随后在金寨组建且以金寨红军为主的红三十三师等革命武装日渐发展，使蒋介石坐卧难安，即令湖北、河南、安徽三省边区反动军阀，从 1929 年 6 月开始，先后向鄂豫皖边区红军多次发动“清剿”“会剿”，均被红三十二师和边区红军挫败。在革命斗争中，红三十二师不断发大壮大，人数扩大到近千人。

此后，红三十二师、红三十三师，成为红一军、红四军、红四方面军的主要力量，是人民军队的重要发源地之一。经过中央军委多次合编、改编，红三十二师、红三十三师融入我军不同番号的部队中。在爬雪山过草地的长征途中，在粉碎日寇灭绝人性的反“扫荡”战场上，在解放全中国的浴血奋战中，红三十二师、三十三师根脉相传、延续发展，为中国革命事业建立了彪炳史册的功勋。

2. 立夏节起义开辟了豫东南革命根据地

建立革命根据地，是毛泽东军事思想的重要组成部分。不论是在土地革命战争时期、抗日战争时期，还是在解放战争时期，毛泽东多次指出建立革命根据地的重要意义。“边界还有一个重要任务，就是大小五井（井冈山上有大井、小井、上井、中井、下井）和九陇两个根据地的巩固……不但在边界此时是重要的根据地，就是在湘鄂赣三省暴动发展的将来，亦将仍然是重要的军事根据地”。（毛泽东：《中国红色政权为什么能够存在?》）

“长期性加上残酷性，处于敌后的游击战争，没有根据地是不能支持的。”“没有根据地，游击战争是不能够长期生存和发展的，这种根据地就是游击战争的后方。”（毛泽东：《抗日游击战争的战略问题》）

“我党现时在东北的任务，是建立根据地，是在东满、北满、西满建立巩固的军事政治的根据地。建立这种根据地，不是轻而易举的事，必须经过艰苦奋斗……否则，我们就有可能站不住脚。”“因此，我党必须人人下决心，从事最艰苦的工作，迅速发动群众，建立根据地，在西满和热河，坚决地有计划的粉碎国民党的进攻。”（毛泽东：《建立巩固的东北根据地》）

红三十二师在党的领导下，经过几个月的军事斗争，建立了以南溪、斑竹园、吴家店为中心纵横 1500 平方千米的豫东南革命根据地。后来成为鄂豫皖革命根据地的重要组成部分、核心区域和苏区典范。

红三十二师建立后，一面肃清反动民团残余势力，收缴地主劣绅反动武装；一面协助地方党组织建立区乡政权，扩大农民武装，建立农民赤卫军，农民协会对外挂牌，领导农民打土豪、分田地、没收地主劣绅的财产。政治、经济、军事、文化等机构逐步建立完善，成立

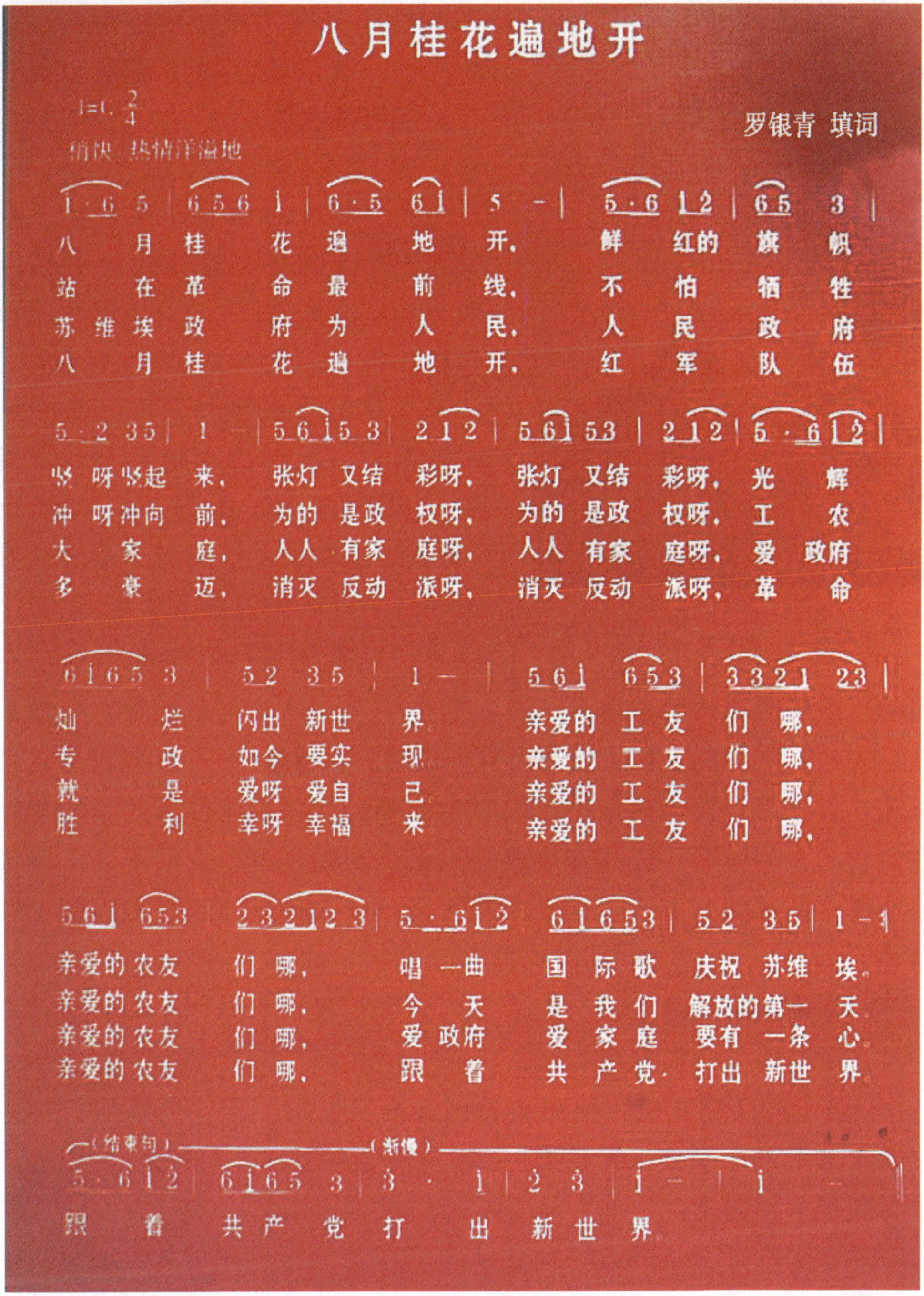

《八月桂花遍地开》词曲（作者罗银青）

《八月桂花遍地开》歌曲作者罗银青

了苏维埃银行，开办了造币厂、邮政局（汤家汇邮政局遗址是全国仅存的两所红色邮局之一），设立兵工厂，建立了红军医院、红军飞机场，乡村兴办列宁小学（汤家汇瓦屋基村列宁小学遗址是全国仅存的两所列宁小学遗址之一），识字班和业余学校，等等。此时金寨地区呈现出从未有过的生机蓬勃、兴旺昌盛的崭新时代。人民群众欢欣鼓舞。时值金风送爽，桂花飘香，佛堂坳（今金寨县果子乡）模范小学校长罗银青（当时被誉为商南才子），心潮澎湃，触景生情，以当地民歌“八段锦”欢乐明快的调子为曲，填词创作了《八月桂花遍地开》革命歌曲。表达了广大翻身解放的农民喜悦之情。这首歌于1929年农历八月下旬，首先由女教师陈觉民组织学生演唱、并以打花棍形式编舞排练在斑竹园长岭岗第一区苏维埃成立大会上演唱。由于歌词中的革命气氛浓厚，曲调朗朗上口，深受人们喜爱，很快传遍苏区、传唱到全国各地。

3. 立夏节起义诞生的红三十二师五次弛援六霍地区革命斗争，有力推进了皖西革命根据地建立

红三十二师建立后，根据斑竹园文昌宫会议要求，周维炯挥师向金寨东部重镇金家寨、流波𬒗、西镇（今金寨县燕子河镇）、麻埠等挺进，驰援六霍起义。

1929年5月18日，红三十二师应六安第六区（今金寨县槐树湾乡梅山水库淹没区）区委书记袁继安之求援，周维炯率红三十二师第九十七团东进，包围六区六保保董、自卫团团总汪建青住宅，迫使汪建

青下令自卫团缴械。后经周维炯宣传教育，一部分自卫团团丁编入红三十二师补充团，一部分编入六区游击队。

5月20日，红三十二师和第六区游击队、第六区农协会会员1000多人攻打金家寨守敌汪东阁商团。经过半小时激战，活捉了敌团副余传宗和汪东阁之弟汪三少，缴获枪械20多支，汪东阁率残部溃逃麻埠。皖西重镇金家寨胜利解放。红三十二师和六区游击队开仓放粮，将汪东阁等官僚地主的布匹、食盐、粮食分发给群众时，不少群众不敢拿。15岁的皮定均却主动上前领物品。在皮定均的带动下，领取财物的群众越来越多。皮定均后来担任第六区童子团团长。

攻克金家寨镇后，应流波䃥共产党组织请求，5月21日凌晨，周维炯率红三十二师奔赴流波䃥，与流波䃥农民赤卫军会合，兵分两路，南北夹攻。中午，将流波䃥乡公所和朱孟功团匪30多人包围，经过短暂战斗，活捉反动乡长陈云德，毙伤敌10余人，缴获枪械10余支。团首朱孟功随残部溃逃。5月22日，在流波䃥召开千人大会，公审并枪毙陈云德，成立了流波䃥农民协会和流波䃥游击大队。游击大队下辖3个分队，共60余人。会后举行了声势浩大的游行示威。

1929年11月19日，周维炯率领红军三十二师一部80多人，星夜驰骋西镇，与西镇农民赤卫军会合。在中共霍山县委领导下，经过三昼夜战斗，先后攻下闻家店、楼房湾、燕子河、长山冲、漫水河等村镇，歼灭反动民团和地主武装，毙俘敌90多人，缴获枪70多支，摧毁敌人反动机构。对西镇地区反动势力进行了全面大扫荡。农民赤卫军改编为西镇游击队，并成立了游击队总指挥部。方圆百里完全被农民武装所控制。人民群众编歌赞颂红三十二师："河南老红军（指红三十二师），来到我西镇。钢枪打前锋，后跟赤卫军。先打闻家店，后打楼房湾。打土豪，杀劣绅，反动团匪消灭尽。"

红三十三师成立后，为便于统一指挥，协同作战，红三十二师与红三十三师联合组成了前敌总指挥部，周维炯任总指挥，徐百川任副总指挥。前敌总指挥部成立后便决定攻打麻埠和独山守敌保安团、自卫团。麻埠守敌张季荃部300余人，不堪红军强大攻势，一经接触，即刻溃退，缴获枪械30余支。红军攻占麻埠后，接着攻打独山，给守敌自卫团以沉重打击，缴获枪械16支，残敌落荒而逃。继之又歼灭窜犯流波䃥之敌英山自卫团一部，缴获枪械10余支。至此，麻埠、独山、流波䃥起义区域基本连成一片。

红三十二师与之后成立的红三十三师联合作战，横扫商南和皖西接壤地区反动武装，有力地推进了皖西革命根据地的建立和发展。

4. 立夏节起义践行农村包围城市、武装夺取政权的思想

早在反帝反封建的大革命时期，毛泽东就在思考在近代中国如何取得无产阶级革命成功。于是毛泽东带着这个问题开展调查，分析研究近代中国社会政治状况、经济状况、阶级状况等方面情况。撰写出《中国社会各阶级的分析》《湖南农民运动考察报告》经典名著。“这个贫农大群众，合共占乡村人口百分之七十，乃是农民协会的中坚，打倒封建势力的先锋，成就那多年未曾成就的革命大业的元勋。”（毛泽东：《湖南农民运动考察报告》）。毛泽东深信：“在很短的时间内，将有几万万农民从中国的中部、南部和北部各省起来，其势如暴风骤雨，迅猛异常，无论什么大的力量都将压抑不住。他们将冲决一切束缚他们的罗网，朝着解放的路上迅跑。一切帝国主义、军阀、贪官污吏、土豪劣绅，都将被他们葬入坟墓。”（毛泽东：《湖南农民运动考察报告》）此时，毛泽东已明确认识到工人阶级是中国革命的领导力量，农民是中国革命的主要力量。只有发动农民，武装农民，组成工农联盟，中国革命才能成功，从而确立农村包围城市、武装夺取政权的思想。

1927年9月，毛泽东将湘赣边界地区的工农武装和国民革命军总指挥部警卫团，共5000余人，合编成工农革命军第一军第一师，11日举行起义。起义部队于10月转战至井冈山，开始创建中国共产党领导的第一个农村革命根据地。毛泽东率部起义，建立革命根据地，实行农村包围城市、武装夺取政权的思想。

之后，毛泽东认真总结井冈山和全国各地革命斗争的经验教训，

撰写出《中国红色政权为什么能够存在?》《井冈山的斗争》《星星之火，可以燎原》等指导中国革命实践，关系中国前途命运的历史名篇，首次提出“武装割据”的重要思想，不断发展、完善农村包围城市、武装夺取政权的军事思想。

农村包围城市、武装夺取政权的军事思想，把马列主义普遍原理与中国革命实际相结合，这不仅符合近代中国国情，也是中国革命能够取得成功的唯一正确道路。是独辟蹊径、具有中国特色的军事思想，是对马列主义关于武装夺取政权学说的重大发展。

立夏节起义胜利后，在共产党领导下，迅速成立了红军队伍红三十二师，农民武装不断发展壮大，区、乡工农民主政府达 90 多个，县成立工农革命委员会，开国将军王凤池时任秘书长。把武装斗争、土地革命、建立革命政权三个方面工作紧密结合在一起，实行“武装割据”，捍卫了立夏节起义胜利成果，沉重地打击了商南地区反动势力，提高了人民群众开展武装斗争的积极性。

四、六霍起义的主要特点与重要贡献

根据党的八七会议和六大会议的精神，1927 年 10 月，中共安徽省临委划六安、霍山、霍邱、英山、寿县为第一暴动区域，要求六安的党组织尽快发动武装暴动。1929 年 5 月，皖西地区相继爆发诸佛庵民团起义、武陟山农民暴动、南庄畈六保联络自卫团起义、流波礓暴动，拉开六霍起义的序幕。11 月，中共六安中心县委领导的独山暴动、金家寨暴动、七邻湾暴动、古碑冲暴动、西镇起义、桃源河农民暴动、白塔畈农民暴动、徐家集民团起义、霍邱县尧冲农民暴动，标志着六霍起义全面爆发并达到高潮。1930 年 1 月 20 日，安徽红军游击队第一、二纵队与六安六区游击大队集中会合于流波礓，组建了中国工农红军第十一军三十三师，接着创建了皖西革命根据地。

六霍起义是皖西地区以农民起义为主体、与民团起义相结合的一系列连锁武装起义的总称，是继黄麻起义、立夏节起义之后，在鄂豫皖边区爆发的又一次大规模武装起义。

由于起义的地点分布在当时的六安、霍山、霍邱等地区，但南庄畈、金家寨、流波 、七邻湾、古碑冲、白塔畈、燕子河和长岭（西镇的主要区域）等主要起义的区域是在现金寨县境内。六霍起义成立的红三十三师也是在金寨流波 组建的。因此可以说，这是金寨境内继立夏节起义之后爆发的第二次武装起义。

（一）六霍起义主要特点

1. 起义规模大

六霍起义从 1929 年 5 月拉开序幕，到 1930 年 1 月建立红三十三师结束，起义参与的人数、发生的次数，大大小小几十次武装起义，可以说是鄂豫皖边区规模最大的武装起义，仅独山暴动就有周围 15 个乡的近万名群众参加。

2. 起义地域范围广

1929 年 5 月到 12 月底，六霍起义由点到面扩大到六安县的西南部、霍山县的全境、英山县的东北部、霍邱县的南部和潜山、舒城等部分地区。到 1930 年 4 月，初步形成东起淠河，西接商南，南抵金家铺、水吼岭，北至白塔畈、丁家集，南北 100 多公里、东西 50 多公里、人口 40 多万的皖西革命根据地。

3. 起义时间持续长

六霍起义是土地革命时期鄂豫皖边区三大起义中持续时间最长的一次。从 1929 年 5 月诸佛庵等局部起义揭开序幕，随后当年冬天六霍起义全面爆发，到 1930 年 1 月，红三十三师组建。从起义准备到相继爆发、全面爆发再到组建主力红军，从武装斗争的胜利到苏维埃政权的建立，持续了近 8 个月时间，这在鄂豫皖边区革命斗争初创阶段是前所未有的。

4. 起义方式连锁暴动

六霍起义由一点到多点，形成连锁大暴动，各处起义互相呼应，互相支援，促成整个地区的武装起义胜利成功。1929 年 11 月 8 日，独山暴动取得胜利后，西两河口、龙门冲、郝家集等地农民迅速揭竿而起，纷纷响应。11 月 16 日，六安六区古碑冲、南庄畈、七邻湾一带农民起义取得根本胜利。11 月底，西镇农民暴动中先后攻下闻家店、燕子河、楼房湾、长山冲和漫水河等村镇。随着群众革命热情的高涨，暴动范围迅速扩大到回头岭、上土市、黄栗杪、深沟铺、太平畈、杨家河等村镇。

12 月 16 日，周围的石家河、西石门、沿河涧、新店河、戴家河、黑石渡等地举行起义。

5. 起义意义影响深远

六霍起义的胜利打击了皖西大别山地区的反动势力，点燃了工农武装割据武装斗争的火炬，使皖西成为鄂豫皖地区革命斗争的重要策源地，这次起义创建的中国工农红军第十一军第三十三师，被相继编入红一军、红四军、红四方面军，是鄂豫皖地区组建革命武装的骨干力量，创建的皖西革命根据地，是鄂豫皖革命根据地的重要组成部分，从而使党创建整个大别山区工农武装割据得以实现。武装斗争的胜利和苏维埃政权的建立，也为土地革命的开展提供了保障，广大贫农分到了土地，尝到了土地革命的胜利果实，从而把自己的命运与共产党、红军和苏维埃更加紧密的联系在一起。

红二十五军军政机构旧址

（二）重要贡献

1. 显示了群众路线和统一战线的力量

大革命失败以后，中共皖西组织准确把握政治形势，采取灵活的斗争策略，一方面针锋相对进行一系列革命斗争。在农民中组建县区乡农民协会，开展“五抗斗争”“文字暴动”。1929 年上半年，六安、霍山、霍邱和合肥西南地区的农协会员已发展到 1.7 万多人，其成分“佃农占百分之五十，雇农占百分之二十，自耕农占百分之十，手工业者占百分之十，失业农民及会党占百分之十，农协指导人多系党同志”；在工人中进行罢工斗争。中共六安特别区委于 1927 年 8 月成立了以吴宝才为主席的六安县总工会，发动和领导城区黄烟工人从 9 月 10 日开始连续举行 45 天大罢工，紧接着又领导城区各行业工人游行示威，反对国民党右派破坏民主，要求选举平等；在青年中成立 100 多个宣传新思想读书会，学习与宣传马克思列宁主义，从中发展党员。

另一方面努力维持大革命时期建立的革命统一战线，避免皖西革命力量遭受重大损失。一是明确共产党员以个人身份加入国民党，帮助改组国民党，主动参与领导民团工作。1927 年 9 月，六安特区委书记胡苏明被公选为国民党六安县党部书记长，共产党员周狷之、桂伯炎、吴干才、罗亨信、舒传贤、刘伯驹、戴铸久、樊逸仙等分别当选国民党六安县、霍山县、霍邱县党部委员，这些共产党员以合法身份积极开展工作，为发展革命力量创造了有利条件。二是打入民团，开展兵运。利用县乡民团扩招之机选派共产党员打入民团担任主要职务。1928 年底，共产党员陈法权、刘淠西、朱体仁、汤业建、何祥仁、杜起涛、毛正初、李野樵、江求顺、袁皋甫、何子凡等凭借影响打入国民党县乡民团并担任队长或教练，秘密发展党员，成立党的组织，训练和争取团丁，开展兵运工作，为后来发动民团兵变打下了坚实基础。

2. 孕育了一支雄师铁军

为打造铁军，中共六安中心县委根据皖西工农武装割据斗争发展的需要，一方面确定红三十三师在开展游击战争中必须完成四大军事任务：“1. 恢复并扩大过去的赤区工作；2. 扩大三十三师的武装力量；3. 与三十二师合作，锻炼三十三师的战斗力；4. 打破敌人对我们经济封锁与解决六区粮食问题。”另一方面红三十二师为支援三十三师巩固和扩大“六霍苏区”，派周维炯率两个主力团于 1930 年 2 月中旬第三次东进皖西。为了便于统一指挥和行动，六安中心县委决定：组成由周维炯、徐百川分别担任正副总指挥的前敌总指挥部。两支红军协同作战，取得了麻埠、独山、两河口等攻坚战、流波礓歼灭战的胜利，完全恢复独山、麻埠一带起义的基本区域，有力地振奋了皖西人民的革命斗志。第三，召开古碑七邻湾关帝庙六县党的负责人和红三十三师领导人联席会议，通过《军事问题决议案》。这个军事问题的决议案，较 1929 年召开的中共鄂豫边第一次全区党代表大会通过的《军事问题决议案》，有了新的补充和发展，从根本上划清了新型的人民军队同一切旧式军队的界限，从而比较系统地解决了如何建设无产阶级领导的人民武装这个根本性问题。第四，扩大游击范围，取英山，攻霍山，收衙前，克水吼岭。

红三十二师与三十三师协同作战，广泛展开游击战争，配合与支援各地农民武装起义，不仅促进了皖西革命根据地的形成，而且使部队在频繁的战斗中得到锻炼，政治、军事素质都得到迅速提高。至 4 月，红三十三师又增设特务营，全师发展到 300 余人枪；红三十二师发展到 800 余人枪。与此同时，其他地方武装和群众武装也有很大发展。

3. 创建了皖西革命根据地

六霍起义之后，为加强皖西根据地建设，把武装斗争、根据地建设、土地革命紧密结合起来，巩固和发展根据地的各项事业。召开七邻湾会议，形成了 9 个决议案，在皖西各地形成以红军游击战争和农民武装起义相结合的工农武装割据斗争，红色区域随之迅速扩大，苏维埃政权纷纷建立。红三十三师一部向英山潜山一带游击，与英潜两县军事相联络，派第一〇七团和潜山工农革命军协同英山游击队，开辟英山新区，建立了英（山）霍（山）边区苏维埃政府。并再次解放霍山，宣告正式成立霍山县苏维埃政府。

随着六安县老区的恢复和新区的开辟，于1930年春成立六安县革命委员会。

4月下旬，红三十二师与三十三师各一部配合潜山工农革命军打回潜山，收复衙前镇，再克水吼岭。潜山工农革命军随之改编成工农革命军第三十四师（一说是四十三师）。5月3日，在衙前镇正式成立潜山县革命委员会。重建天堂革命根据地，使其与六霍根据地连成一片。

4. 彰显了求是求实精神

中共皖西党组织结合本地实际情况坚持不懈地贯彻党的八七会议和六大的精神，进行六霍起义的成功实践，充分展示了求是求实精神，体现了实事求是党的思想路线。

起义之前，皖西党组织在坚决贯彻党的八七会议精神的过程中，以实事求是的态度抵制了省临委在指导其工作中一度发生“左”倾盲动主义的错误。

1927年10月下旬，为领导暴动，在六安白浒圩成立中共皖中特委。皖中特委坚决抵制有枪就暴动的“左”倾盲动主义做法，避免因盲动带来的牺牲与损失，书记胡苏明被撤职并开除党籍。1928年3月，省临委决定在“皖北各县努力造成割据的局面”，指示六霍县委立即举行农民暴动。但中共六霍县委冷静分析，认为立即暴动的条件尚未成熟，要继续开展抗租反霸斗争，争取广大工农群众，充分做好武装暴动的准备。六霍县委从本地实际情况出发，省临委把这一正确意见视为“右倾”，并斥之为“改良主义”。六霍县委坚持据理力争，反对盲动。省临委只好将内部意见分歧报告党中央。1929年3月上旬，中共中央在上海召集安徽工作会议，周恩来听取情况汇报后指出：六霍一带立即举行暴动条件不成熟，要积极创造条件准备起义；六霍县委采取抗租反霸、争取群众的策略，是符合党的六大决议精神的，不能说是右倾改良主义。至此，中共六霍县委抵制“左”倾盲动错误的正确意见得到中央的肯定。

中共六霍党组织坚持实事求是的精神，是皖西地区中国共产党人在关键时刻坚持初心使命、坚持对党绝对忠诚和坚守理想信念的坚定表现，体现了马克思列宁主义与中国革命具体实际相结合的正确方向和坚定信仰，体现出中国共产党人探索中国特色革命道路的历史价值。是老区精神、大别山精神的重要组成部分，永远绽放着历史的光芒。

第三篇　红军队伍扬威名

金寨是人民军队的重要发源地。在土地革命战争时期，先后组建了 12 支主力红军队伍，其中军级建制的 2 支、师级建制的 8 支、旅级建制的 1 支、团级建制的 1 支，为中国人民的解放事业做出了巨大牺牲和突出贡献。

一、军级建制的两支主力红军队伍

（一）中国工农红军第二十五军

为了集中革命武装，反击敌人新的“围剿”，中共鄂豫皖中央分局和军委会决定，1931 年 10 月 25 日，在麻埠组建中国工农红军第二十五军。军长旷继勋，政治委员王平章。当时只组建了第七十三师，第七十四师、七十五师待建，师部由红四军第十二师师部改编。第七十三师师长刘英，政治委员吴焕先，下辖 3 个团。第二一七团、二一八团、二一九团分别由第十一师第三十一团、第十师第二十八团、第十二师第三十四团改

红二十五军、红二十八军政委王平章
（1901—1933）

编。红二十五军的军部设在麻埠，主要在皖西地区活动。这是金寨境内组建的第一支成军建制的红军队伍。

1932 年 1 月 13 日，红四方面军总部发起商潢战役。红七十三师与红十二师、红十师共同围歼敌第十二师。3 月 21 日，红七十三师参加苏家埠战役，围歼青山店之敌和霍山援敌。5 月 2 日，红七十三师在陡拔河两岸全歼敌第七师主力第十九旅，摧毁敌指挥机关，为苏家埠战役的胜利做出了重要贡献。

1932 年 6 月初，红四方面军总部率第七十三师、第十师、第十一师和少共国际团西进豫东南，在商城与第十二师会合，决定发起潢（川）光（山）战役，恢复潢光南部根据地。

1932 年 7 月，在鄂豫皖革命根据地第四次反“围剿”作战中，因张国焘推行错误的军事指导方针，红二十五军在保卫霍邱时，死守县城，和敌人死打硬拼，造成很大伤亡。在危难之际，蔡申熙接任军长，重整部队，进行运动作战，采取避实攻

红四军、红二十五军军长旷继勋（1897—1933）

红十五军、红二十五军军长蔡申熙（1906—1932）

虚战术，争取了部分主动。

1932 年 10 月 8 日，当红四方面军主力从今金寨境内的燕子河向黄、麻地区转战，在到达黄安河口以东地区时，遭敌两个纵队又两个师的合围堵截。红二十五军一部掩护主力部队突围转移，军长蔡申熙奋勇作战，在腹部中弹的情况下，仍坐在担架上指挥战斗，因流血过多，英勇牺牲。红四方面军总指挥徐向前在回忆录中曾提到与战友分别时难忘的一刻："他躺在床上，疼得没办法，要人补他一枪。我对他进行了安慰，就急忙指挥战斗去了。"

红七十三师师长、红四方面军副总指挥兼红三十一军军长王树声（1905—1974）

1932 年 10 月 11 日黄昏，红二十五军主力第七十三师在王树声师长率领下，随红四方面军主力在四姑墩地区集结完毕，遂分左右两路纵队向西进发，次日拂晓到达平汉路附近。红七十三师二一八团 4 个连，与尾追之敌激战 3 个小时，将其击退，保证全军安全西撤。从此，红二十五军一分为二，直到 1936 年 10 月在陕甘宁再次会师。红七十三师西征入川后，发展壮大为红三十一军，王树声任红四方面军副总指挥兼红三十一军军长。

1932 年 11 月 30 日，鄂豫皖省委在湖北黄安檀树岗村南的河滩，宣布重建红二十五军，全军约 7000 人。吴焕先任军长，王平章任政

红二十五军纪念雕塑（徐海东、吴焕先）

委。红二十五军重建后，一直独立战斗在鄂豫皖根据地。

1933 年 4 月，根据中央指示，在麻城大畈地区，红二十八军整体编入红二十五军，并改编为红二十五军第七十三师，全军 12000 人。

10 月，红二十五军在潢麻公路遭敌军包围，被分割。七十五师由吴焕先、戴季英率领突围到鄂东，仍保留二十五军番号；七十四师一部由徐海东率领，退回皖西，重新组建红二十八军。

1934 年 4 月，红二十五军 800 余人在军长吴焕先率领下，和徐海东率领的红二十八军 2000 多人，在汤家汇豹迹岩会师。根据鄂豫皖省委的决定，红二十八军再次编入红二十五军。军长徐海东、政治委员吴焕先，下辖第七十四师、第七十五师。第七十四师师长梁从学、政委姚志修；第七十五师师长丁少卿、政委高敬亭，全军 3000 多人。同时将原红二十八军一部，改编为新的八十二师。

1934 年秋，红二十五军转战于皖西北地区。11 月 4 日，在葛藤山下的大埠口一带活动的鄂豫皖省委和红二十五军，接到鄂东北道委书

全国重点文物保护单位：中共鄂豫皖省委会议旧址（汤家汇胡氏宗祠）

记郑位三的来信，急赴鄂东北与中央代表程子华会合。11 月 16 日，根据中共中央指示，红二十五军近 3000 人的队伍，由程子华任军长，徐海东为副军长，吴焕先为政治委员，以“中国工农红军北上抗日第二先遣队”的名义，离开鄂豫皖根据地，进行战略转移。长途跋涉近万里，并建立了鄂豫陕革命根据地，最终在 1935 年 9 月 15 日到达陕北延川县永坪镇。这时，全军共有 3400 多人。16 日，刘志丹率领红二十六军、红二十七军也到达永坪镇，三军胜利会师。红二十五军成为长征最先到达陕北的红军队伍，被誉为“长征先锋”。17 日，中共西北工委和中共鄂豫陕省委召开联席会议，撤销红二十五军、红二十六军、红二十七军，正式组建红十五军团。

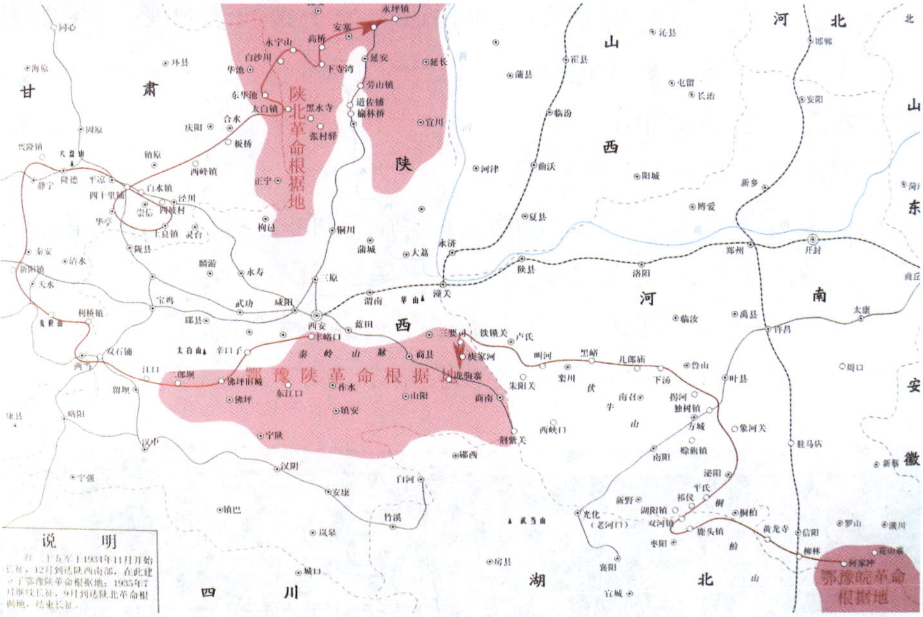

红二十五军长征路线示意图

（二）第二次组建的红二十八军

1933 年 1 月，在麻城大畈地区（今属河南新县），首次组建红二十八军（又称红八十二师），军长廖荣坤，政委王平章。组建后，即开赴皖西北地区，与敌人展开斗争。

3 月 28 日，在门坎山战斗中，政委王平章不幸牺牲。

4 月 8 日，鄂豫皖省委决定，红二十八军整体改编为红二十五军第七十三师。师长廖荣坤（兼），政委王少卿。同时组建红八十二师。

皖西北道委书记兼红二十八军政委
郭述申（1904—1994）

9月26日，鄂豫皖省委在金寨县境内的大埠口召开紧急会议，决定红二十五军返回鄂东北地区，红八十二师和一、二、三路游击师继续在皖西北地区坚持斗争。27日，红二十五军从大埠口出发，冒雨翻山，向鄂东北前进。

10月2日拂晓前，在黄土岗至四道河之间通过潢（川）麻（城）公路时，遭敌军南北夹击，省委书记沈泽民和军长吴焕先率第七十五师大部、七十四师一部约2000人通过了公路。红二十五军副军长徐海东以及后续部队1000多人被截断在公路东边。

红二十八军重建旧址：南溪吕氏祠

10月11日，中共皖西北道委在南溪吕家大院（吕氏祠）召开会议，决定重建红二十八军。军长徐海东，政治委员郭述申（兼），辖第八十二、第八十四两个师，各辖3个营，共2300多人。原八十二师建制不变，师长刘德利，政治委员詹大列。第八十四师由红二十五军没有通过潢麻公路的部队组成，师长黄绪南，政治委员周发贤。

红二十八军重建后，第八十二师由郭述申率领，继续在赤南根据地坚持斗争；第八十四师由徐海东带领，北去熊家河（今金寨县全军乡）、金刚台一带活动，军部设在吕家大院。会议制定了不打消耗仗、不与敌人硬拼，积极向外线游击、寻机歼敌以及夺取敌人物资补充红军等正确方针。

1933 年 10 月下旬，敌第十二师、第四十五师、独立第四十旅各一部合围熊家河。红八十四师乘夜跳出包围圈，远去光山、罗山打游击战，在光山灵英寺与追敌激战两昼夜，伤亡很大。经过辗转征战，当月底又返回熊家河。11 月初，在二路游击师配合下，红八十四师在熊家河石门口歼敌独立第四十旅 1 个团，俘敌 1000 多人，缴获长短枪 800 多支，迫击炮 3 门，大衣 700 多件，极大地改善了部队装备。

11 月下旬，在南溪、界岭一带游击的红八十二师北上，与红八十四师会合，以熊家河为依托，向北游击，在狗迹岭、铁炉冲歼敌第四十五师 2 个团。12 月 14 日、15 日，两袭吴桥、段集，然后又攻进黎家集，三次共歼敌 500 多人，缴获大量物资。

红二十八军、红二十五军军长徐海东

(1900—1970)

1934 年 2 月初，红二十八军返回赤南葛藤山区；6 日，在南溪火炮岭以南的朝阳山一带与敌军激战，八十二师师长刘德利牺牲，梁从学接任师长。为避敌锋芒，红二十八军再次撤出葛藤山，返回熊家河。与尾追而来的敌第六十四师、第六十五师和第四十五师的 1 个旅、独立第四十旅激战一日，突围南下至古碑冲一带。3 月 10 日，在古碑冲打垮敌独立第五旅的 1 个团和立煌县民团的进攻，毙敌 50 多人，俘敌 62 人。

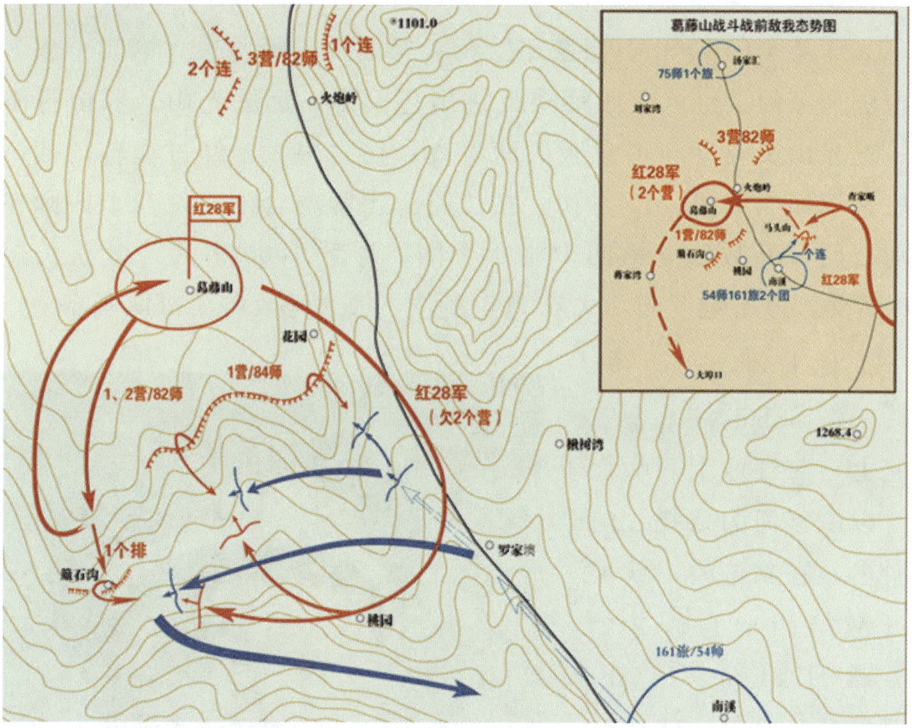

红二十八军葛藤山反击战经过图

3 月 12 日早晨，红二十八军再次进抵葛藤山。驻南溪的敌第五十四师一六一旅倾巢来犯。在军长徐海东指挥下，红二十八军在葛藤山西南部的簸箕沟（簸石沟）设伏。仅 1 个多小时，歼敌 1000 多人，活捉敌第五十四师代理师长兼一六一旅旅长刘书春及以下官兵 130 多人，缴获长短枪 172 支，手提机关枪 8 挺，子弹 5 万多发，炸弹和迫击炮弹 200 多枚。

刘书春是保定军官学校的毕业生，他认为徐海东能指挥这样的伏击战、歼灭战，应该不是保定军官学校就是黄埔军校的毕业生。徐海东则风趣地说："我既没听保定军校的课，也没进过黄埔军校的门，我是青山军事大学毕业的。"见刘书春大惑不解，徐海东指着簸箕沟说："这就是青山军事大学！这方圆几千里的大别山，处处都是红军的军事大学！"

葛藤山反击战是皖西北根据地第五次反"围剿"斗争的一次重大胜利。战后，红二十八军北上金刚台、余子店一带。3月24日，又转向南溪以北地区，在杨山与敌第四十七师、五十四师、七十五师展开激战，毙伤敌400多人，红八十四师师长黄绪南牺牲。战后，红二十八军又转至汤家汇、余子店地区活动。

红二十八军组建的5个多月中，由于采取正确的斗争方针，取得一系列的胜利，坚持了皖西北地区的反"围剿"斗争，形成敌占集镇、我占农村的局面，逐步摆脱被动困境，部分恢复了赤城、赤南根据地。

二、师级建制的八支主力红军队伍

（一）中国工农红军第十一军第三十二师

1929年5月6日，立夏节起义获得完全的胜利。5月9日，参加立夏节起义的各路队伍按照计划在斑竹园朱氏祠会合，宣布成立中国工农红军第十一军第三十二师。师长周维炯，党代表徐子清，副师长漆德玮，师党委书记兼参谋长徐其虚，政治部主任李梯云。5月10日，中共商罗麻特别区委在斑竹园文昌宫召开工作会议，地方党组织、红三十二师领导30多人参加会议，会议做出10条决定：主动和鄂东红三十一师联络，共同开辟鄂豫边区根据地，积极向东发展，和皖西党组织取得联系，支援皖西地区武装起义，建立东方屏障，等等。

商城县县长李鹤鸣和县民团大队长王济亚得知漆德玮是共产党员，并且是红三十二师副师长的消息后，异常震惊，急忙派兵"进剿"。5月16日，王济亚民团和顾敬之民团分两路从狗迹岭、挥旗山向南溪扑来，当晚分别进驻南溪的吴氏祠和余山的土地庙。红三十二师决定先消灭土地庙的敌人，以吸引吴氏祠的敌人来援，再各个击破。

红三十二师副师长、红一军第二师师长漆德玮
(1909—1931)

当晚，肖方率领第九十七团偷偷包围了驻土地庙的两个排敌人，漆德玮指挥第九十八团一部在土地庙与吴氏祠之间的上坳埋伏打援，周维炯率特务营在陡岭充当预备队。午夜，肖方、毛月波率九十七团解决了敌人的岗哨，向土地庙发起进攻，敌人措手不及，伤亡过半。王济亚听到枪声，立即赶来增援，却在上坳遭到漆德玮率领的九十八团的迎头痛击，周维炯率领预备队也从左侧攻来，王济亚部溃不成军，逃往县城。

初战告捷，红三十二师歼敌40人，缴枪48支。顾敬之民团见状，不战而逃。李鹤鸣、王济亚因“剿匪不力”被革职。群众歌颂这次胜利：“四月初七八，攻打王金牙，王金牙不经打，一打就散花。哎哟哟，缴枪四十八。”这场战斗，鼓舞了商南军民的斗争士气。

1929年5月下旬，周维炯令毛月波带50人重返金寨东部的莲花山，建立苏维埃政权。12月，毛月波在莲花山陈家祠堂成立混成团，并担任团长，副团长毛习之（毛月波胞弟），党代表汪济平。

8月10日，湖北军阀夏斗寅第十三师三十九旅七十八团及其补充团，在麻城、罗田民团的支持下，分别由松子关、长岭关、铜锣关北犯，进攻红三十二师。16 日，驻皖西的刘和鼎第五十六师桂振远旅 1 个营向南溪猛进，北路的李克邦部和顾敬之民团也趁机由北向南攻来，妄图将红三十二师围歼在南溪、大埠口、葛藤山之间。由于敌强我弱，为将敌人引出根据地，再寻机歼敌。17 日，红三十二师由胭脂往西，顺利向光（山）麻（城）边界地区转移。

9 月上旬，红三十二师在麻城北部的八字门楼（今新县境内）与徐向前率领的红三十一师首次会合。

9 月中旬，红三十二师从新集回师商南地区，在白沙河、吴家店、南溪、丁家埠等地打击地方民团，镇压反动分子和土豪劣绅，巩固革命根据地。月底，在南溪林氏祠建立商城县工农革命委员会，形成以南溪、斑竹园、吴家店为中心的豫东南根据地。

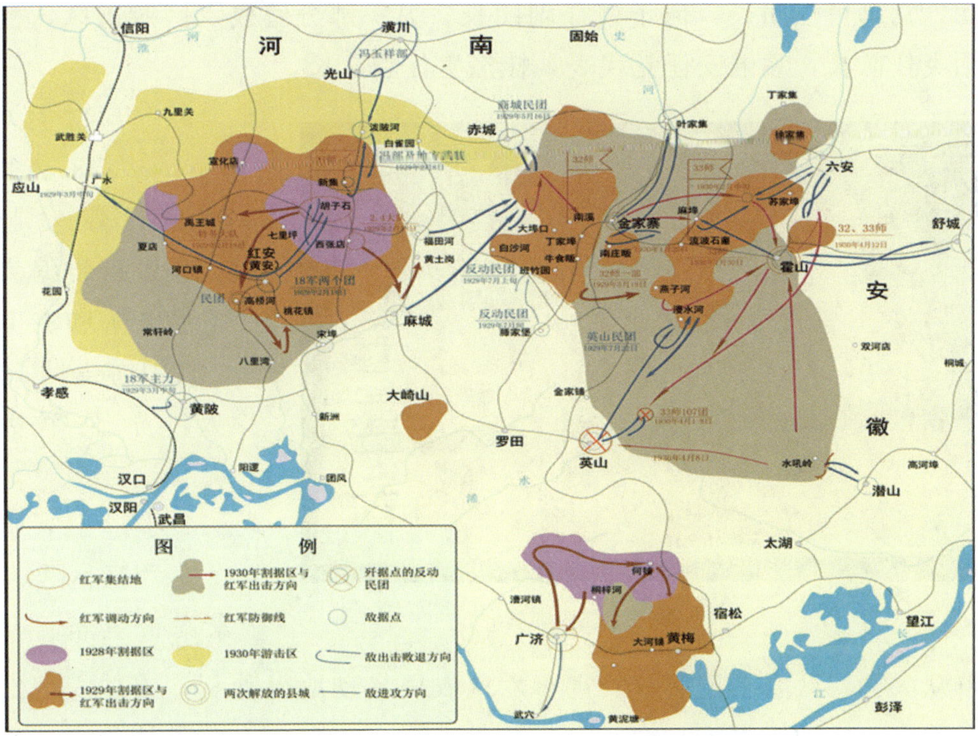

鄂豫皖革命根据地创建初期形势图（1929 年 1 月至 1930 年 4 月）

12月25日，红三十二师首次攻占商城县城，之后，组建第一〇一团和学兵团。周维炯改任第一〇一团团长，吴云山任学兵团团长。

1930年1月上旬，红三十二师第九十七团、一〇一团举行第二次东征。途中收编六安县第七区（麻埠地区）民团，组建第一〇三团，团长朱孟功。到4月底，全师发展到800多人。

红三十二师是金寨境内诞生的第一支红军队伍，也是鄂豫皖边区的第二支红军队伍。红三十二师的建立，标志着金寨地区的革命斗争进入一个新阶段，为创建豫东南及皖西革命根据地奠定了重要基础。

（二）中国工农红军第十一军第三十三师

1929年5月18日夜，六安六区六保联络自卫团（驻南庄畈）举行起义，得到红三十二师师长周维炯率领的第九十七团的支援，获得成功。自卫团起义人员和六区自卫军一部分编入红三十二师，组建补充团，袁皋甫任团长，何子繁任副团长；另一部分编成六区游击队，桂伯炎任队长，袁继安任党代表，桂杰生任副队长。

红十一军三十三师师旗

1929年11月8日，六安三区（独山地区）爆发起义，起义武装编为三区游击队和赤卫军，其中游击队70多人，赤卫军数千人。

11月17日，中共六安六区区委在金家寨帝王庙召开群众大会，区委书记袁继安宣布六区农民暴动取得胜利，成立六区农民协会，主席袁继安；改六区游击队为游击大队，大队长桂伯炎，党代表桂杰生。

11 月 19 日午夜，红三十二师师长周维炯率领红军 80 多人赶至燕子河，与徐育三、刘仁辅、高天栋率领的赤卫军会合，一举击溃闻家店民团，取得西镇暴动的胜利。暴动后的农民赤卫军编为西镇游击队，徐育三任总指挥，刘仁辅任副总指挥。

1930 年 1 月上旬，六安中心县委第十次常委会议决定，独山起义武装编为安徽红军游击队第一纵队，冯晓山任纵队长；西镇游击队编为安徽红军游击队第二纵队，徐育三任纵队长。

红一军第三师、红四军第十二师政治委员

姜镜堂（1902—1931）

1 月 20 日，六安中心县委决定把红军游击队第一、第二纵队集中到流波疃，与六安六区游击大队会合，并召开六安中心县委常委与游击队党团负责人联席会议，宣布三支游击队合编为中国工农红军第十一军第三十三师。徐百川任师长，鲍益三任党代表，姜镜堂任师党委书记，张建民任政治部主任。下辖两个团。第一〇六团由游击队第一纵队与六安六区游击大队一部合编，团长冯晓山，党代表余爱民（詹慕禹）；第一〇七团由游击队第二纵队与六安六区游击大队另一部合编，团长徐育三，党代表孙能武（汪维裕）。全师 200 多人。

1 月 30 日（农历正月初一），红三十三师在霍山游击队、赤卫军的支持下，兵分三路，对霍山县城发起进攻。午前，红三十三师从西门

红三十三师成立于流波𥕢（现金寨县张冲乡）

强攻入城，与敌激战至下午 4 时，击溃守敌自卫团。但因东门城堡坚固，强攻未克。为避免伤亡，当晚红三十三师主动撤出县城。第一〇七团开往西镇，第一〇六团开赴流波𥕢一带。红三十三师组建仅 10 天就攻克霍山县城，成为安徽红军队伍攻克的第一座县城，显示其较高的战斗力。

4 月 6 日，红三十三师派第一〇七团和潜山工农革命军前往英山开辟新区。8 日，胜利攻克英山县城。12 日，红三十三师、红三十二师的 2 个团和潜山工农革命军再次联合进攻霍山县城。毙伤俘敌 200 多人，缴枪 80 多支，活捉敌县自卫团总指挥秦华轩。同月，红三十三师增设特务营。

5 月 23 日，红一军前委在流波𥕢召开中共六安中心县委、红一军第二师和红三十三师联席会议，决定将第二师一部与红三十三师合编为红一军第三师。师长周维炯，政治委员姜镜堂，副师长肖方。至此，鄂豫皖地区的 3 支红军统一整编完成，依次改编为红一军第一、第二、第三师和军部独立旅，全军共 2100 余人，直属中央军委领导。

红三十三师是金寨诞生的第二支主力红军队伍，并成为鄂豫皖边区相继组建的红一军、红四军、红四方面军的三支红军队伍主要来源之一。

（三）中央独立第一师

1930年7月，根据上级指示，中共六安中心县委决定，以燕子河地区的皖西地方武装和红一军第三师的1个连为基础，组建中央独立第一师。师长徐百川，政治委员兼政治部主任王文生（梁仲明）。先后组建5个团，共3000多人。

8月下旬，为执行“左”倾冒险主义方针，红一军的三个师会合，集中力量向平汉路出击，进逼武汉，这给敌人进攻苏区以可乘之机。驻守六安的敌新编第五旅纠集六安、霍山自卫团等5000多人，大举进攻苏区。新组建的中央独立第一师和独立第二师、六霍赤卫师虽顽强抵抗，但因枪支弹药十分缺乏，又未经过作战训练，战斗力很弱。苦战月余，伤亡惨重，终未能遏制住敌人的进攻。

红十一军第三十三师、中央独立第一师师长徐百川（1901—1931）

9月初，为保存有生力量，中共六安中心县委率独立第一师、赤卫队和数千逃难群众向豫皖边区的金家寨、南溪一带转移。敌人尾追而来，独立第一师苦战数日，终因弹药不足，连遭挫折。一直退至商城南部，最后又转移到鄂东地区。整个皖西根据地损失殆尽。豫皖边区也仅有南庄畈、丁家埠、斑竹园、银山畈、泗道河、关王庙、河坪等小部分区域未被敌人占领。

10 月初，中央独立第一师并入重建的红一军第三师。该师仅存在 2 个多月便被撤销。

（四）重建的红一军第三师

1930 年 4 至 5 月，红三十一、红三十二、红三十三师合编为中国工农红军第一军，许继慎任军长，曹大骏任政委，徐向前任副军长，下辖第一师、第二师、第三师和独立旅。其中第三师由第二师一部与红三十三师合编而成，周维炯任师长，肖方任副师长。

红一军军长许继慎（1901—1931）

10 月中旬，红一军在光山进行整编。第二师和第三师合编为第二师，辖第四、第六团，红三师番号取消。

11 月，红一军前委决定由肖方率黄麻补充营东进汤家汇，由黄麻补充营、红一军独立旅和中央独立第一师合并，重建红一军第三师，共 1000 多人，肖方任师长。

12 月，重建的红三师参加了第一次反“围剿”战斗，在皖西地区接连取胜，收复了皖西大部分苏区。中旬，收复皖西根据地中心金家寨。在此期间，红一军军部决定再次将第三师大部编入第一、二师。另以第三师余部、第二师 2 个连及六霍补充营，合编为红一军第三师第七团，并继续留在皖西地区活动。

红一军第三师经历一次重建两次撤编，为鄂豫皖红军和根据地的创建与发展做出了重要贡献。

（五）中央教导第二师

1931年1月中旬，第三师第七团改编为红四军独立团。2月初，奉中央指示，红四军独立团在麻埠扩编为中央教导第二师。代师长肖方，政治委员王效亭，参谋长方礼政。下辖第一、三两个团。

红一军政治委员曹大骏（1902—1932）

中央教导第二师组建后即开赴霍邱南部地区，帮助发动白塔畈农民暴动，相继攻占叶家集、大顾店、姚李庙、洪集，消灭地方反动民团。

红一军第三师师长、中央教导第二师师长肖方（1907—1931）

2月中旬，驻六安的敌第四十六师两个营，在共产党员魏孟贤、柴鸿儒等策动领导下，举行起义，进入麻埠苏区，编入中央教导第二师。魏孟贤任师参谋长，柴鸿儒任第一团第三营营长。

3月11日，中央教导第二师奉命南下英山，先后攻占金家铺和英山县城，歼守敌新编第五旅2个团的大部，毙敌团长潘守三，

汤家汇接善寺的“红军井”

俘敌 800 多人，缴获步枪 600 多支、迫击炮 1 门、子弹 2 万多发，接着回师北上。24 日，击溃入侵麻埠的敌第四十六师 1 个团及反动民团等 3000 多人，俘敌 700 多人。至 3 月下旬，部队扩大到 3500 多人，装备也得到显著改善。

4 月中旬，中共鄂豫皖特委决定，将皖西活动的中央教导第二师改编为红四军第十二师。师长蔡申熙，政治委员曹大骏，副师长肖方，参谋长方礼政。

（六）第二十五军第七十五师

1932 年 3 月，根据中共鄂豫皖省委的指示，皖西北道委决定在六安、霍山、英山、罗田、商城五县边界地区设立五星县，县委、县苏维埃政府机关设在燕子河。为统一领导全县的游击队、赤卫队，在燕子河成立五星县军事指挥部，将霍山六区、英霍边区、五县边区游击队合编为五星县独立团，下辖 3 个营。

3 月上旬，为了准备发起苏家埠战役，增强东线作战的红军力量，鄂豫皖军委在麻埠，将红四军第十一师三十一团和五星县独立团合编为红二十五军第七十五师。师长廖荣坤，政治委员戴克敏。下辖第二二三团、二二四团、二二五团。1932 年 11 月，在檀树岗重建红二十五军时，第七十五师及二二三团、二二四团的番号继续保留。

（七）第二十五军第七十四师

1932 年 5 月 8 日，苏家埠战役胜利结束。红四方面军总部决定，在金寨境内的白塔畈，将六安、霍山、霍邱、赤城 4 县独立团合编而成的皖西北独立第三师，改编为红二十五军第七十四师。师长汪明国，政治委员戴季英，副师长张成功。下辖第二二〇团、二二一团、二二二团。至此，红二十五军的 3 个师全部在金寨境内组建完毕，全军 1.2 万多人。

红军阁（位于江店的鄂豫皖红军纪念园）

6 月初，根据鄂豫皖军委的决定，红四方面军总部把红二十五军第七十四师、七十五师继续留在皖西北地区活动，巩固和扩大根据地。

9 月，第四次反“围剿”斗争失利。9 月 9 日，鄂豫皖根据地首府新集失守。10 日，鄂豫皖中央分局和党政军机关随红四方面军主力转移到皖西军政中心金家寨，与红二十五军第七十四师、七十五师会合。这是红四方面军组建之后、全军第一次会师，也是红二十五军 3 个师的首次会合。由于第七十四师、七十五师在连续作战中减员太大，红四方面军总部决定撤销第七十四师和七十五师第二二五团的建制，相关人员分别编入红四方面军各主力师。

（八）红八十二师

1933 年 4 月 20 日，鄂豫皖省委指示皖西北道委“创建二十八军新主力，扩大游击战争，巩固中心苏区”。4 月下旬，皖西北道委决定在汤家汇再次组建红八十二师，对外仍称红二十八军。下辖第二四四、二四六两个团。其中，第二四四团由红二十八军特务营和第二四四团一营、第三路游击师的第一、第二大队组成；第二四六团由二路游击师改编而成。全师 1000 多人。师长卢永彬（不久牺牲，由刘德利继任），政治委员杨某（后为詹大列）。同时重建了二路游击师和三路游击师。红八十二师在赤南根据地游击转战，不断打击敌人，消灭反动民团，成为武装保卫皖西北苏区的主要力量。

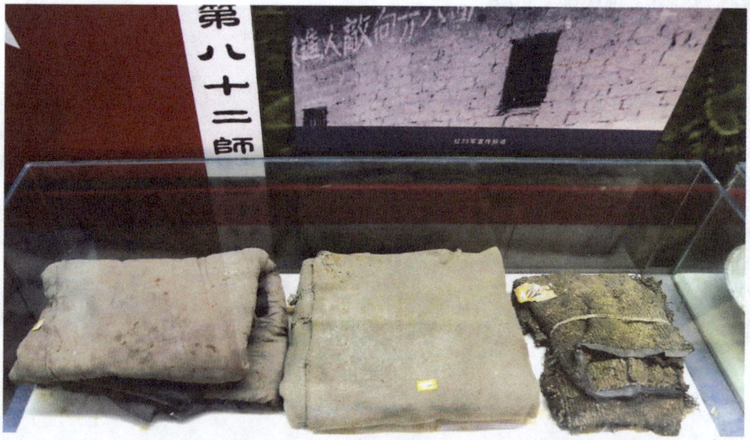

红八十二师战士的棉衣

5 月 5 日，红八十二师在皖西北根据地的中心地区桃树岭歼敌唐淮源第十二师七十团的 1 个营。28 日，在杨家滩与敌第十二师护送军粮的第七十二、六十八团遭遇，激战 2 个小时，歼敌 1 个营，缴获大批粮食和物资。6 月 2 日，红八十二师在南溪地区保护人民群众麦收，与敌郝梦龄第五十四师的2个旅激战5个小时，打退敌人的多次进攻，杀伤其一部。4日，红八十二师主动撤出南溪，转移至椿树坳一带，迫敌转移至黄泥庄、李家集、桥口等地。23日，红八十二师和一路游击师从隘门关突袭独杨树街，缴获敌人大批粮食物资。

8月初，敌第十二师三十五旅七十二团的2个营押运70多对毛排，由史河溯水而上，前往金家寨。中共皖西北道委获悉该情报后，立即集中红八十二师和一、二、三路游击师一部，由刘德利统一指挥，连夜行动。7日拂晓到达梅山大龚岭、上磊子一带设伏。从上午9时许战至傍晚，毙伤敌400余人，俘敌100多人，缴获大米140多万斤以及大批的军服、油盐、猪肉、罐头、香烟等物资，取得"打毛排"战斗的胜利。

红二十八军烈士纪念碑（全军乡熊家河）

10月11日，红八十二师在南溪吕家大院编入第二次组建的红二十八军，其建制不变，师长刘德利，政治委员詹大列。1934年4月，红二十八军在汤家汇豹迹岩整体编入红二十五军，红八十二师改编为第七十四师，师长梁从学。同时第三次组建红八十二师，分别由红二十八军二四四团1个营、军特务团和皖西北第三路游击师组成。全师1000余人，林维先任师长，江求顺任政委。该师继续成为皖西北道委领导下的一支主力红军队伍。

1935年2月，红二十八军第三次重建。下辖八十二师和手枪团，师长罗成云，政委方永乐，政治部主任熊大海，下辖二四四团和特务营（营长林维先）。直到 1937 年 12 月，红八十二师随红二十八军编入新四军第四支队。

三、旅级建制的一支主力红军队伍

1930 年 4 月中旬，红一军军长许继慎和政治委员曹大骏率军部东进商南、皖西地区，改编红三十二师、红三十三师。

赤城五区三乡的红军公田碑
（国家一级历史文物），
现藏于金寨县革命博物馆

5 月中旬，红三十二师在南溪改编为红一军第二师。另以红三十二师一部和商城游击队组建红一军独立旅，共 300 多人，编为 5 个团，旅长廖业麒。洪学智所在的商城游击队整体编入独立旅，并任第五团六小队队长。旅部先后驻汤家汇、吴家店、斑竹园，在豫东南坚持革命斗争。

红一军独立旅在廖业麒旅长的领导下，转战鄂豫皖 10 多个县，参加了鄂豫皖根据地第一、第二次反“围剿”斗争，为保卫红色根据地和扩大红军武装立下了巨大功勋。1931 年 10 月，因“左”倾错误路线坚持者张国焘在鄂豫皖苏区“肃反”扩大化，廖业麒被诬陷为“改组派”，在河南光山惨遭杀害。

1930 年 11 月，红一军前委决定派肖方率黄麻补充营东进皖西汤家汇地区，与中央独立第一师、军属独立旅合编为红一军第三师，配合地方党组织和武装力量，恢复六安、霍山和商城苏区。至此，红一军独立旅撤编。

四、团级建制的一支主力红军队伍

1934年11月，红二十五军离开鄂豫皖苏区，开始长征。11月中旬，中共皖西北道委书记高敬亭在熊家河召开会议，决定将分散在皖西北地区的红军集中整编。12月20日，高敬亭在全军乡沙河店组建一支新的队伍——红二一八团。下辖第一、第二两个营和苦工队。团长罗成云，政治委员熊大海，全团约700人。

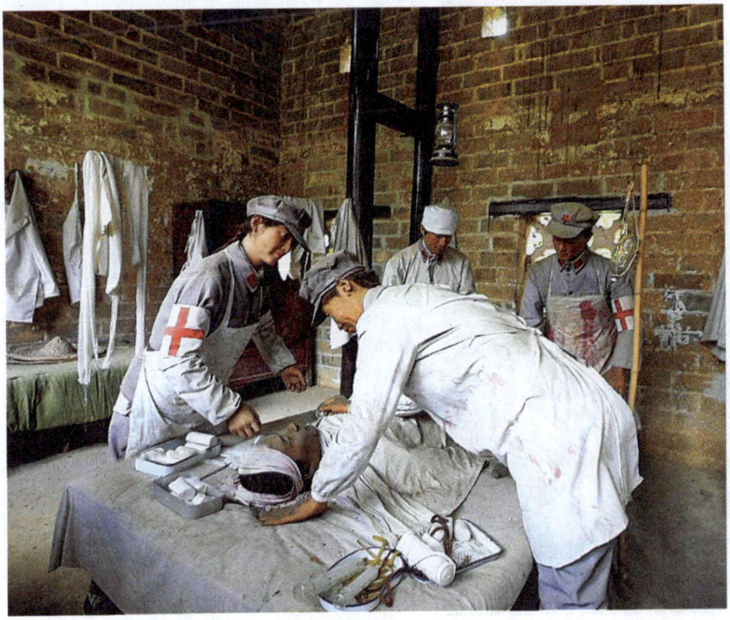

红军战时医院的伤员模拟现场抢救（汤家汇易氏祠）

第一营的组成。1934年11月中旬，运送英山县陶家河战斗伤员的红二十五军经理部苦工队约90人，和担任掩护任务的红二十五军第七十四师二营四连（仅40多人）、三营九连，由熊大海带领在赤城苏区找到高敬亭，被编为第一营。

第二营的组成。1934年11月初，中共皖西北道委书记高敬亭令红八十二师师长周世觉带领二四四团第三营、师部交通队和师政治部的部分工作人员赴霍山、潜山、舒城地区开展游击活动。三路游击师由

宋承志将军题写的
“红军源”（2004 年）

师长高克文带领，随八十二师行动，由周世觉统一指挥。部队在由潜山返回熊家河途中，于 12 月 3 日在长山冲附近的乌凤沟，遭遇敌六十五师一九四旅三八七团和地方民团黄英部突袭，遭受重大损失。师长周世觉英勇牺牲，部队仅余 240 多人，由高克文带领返回熊家河，被合编为第二营。

1935 年 2 月 1 日，红二一八团行至抱儿山时，与少共鄂东北道委书记方永乐率领的鄂东北独立团会合。高敬亭见到了方永乐带来的鄂豫皖省委给他的指示信。信中说明省委已奉中央命令，率红二十五军北上抗日，并指示高敬亭重新组建鄂豫皖边区党的领导机构，以现有武装为基础，重新组建红二十八军。高敬亭决定率两支部队迅速向东南方转移。

1935 年 2 月 3 日（农历除夕），高敬亭在太湖县凉亭坳（今岳西县境内）召开会议，总结前段时间对敌斗争的经验教训，分析当前新的斗争形势，并将红二一八团、鄂东北独立团以及皖西北第二路游击师合编，第三次组建红二十八军。高敬亭任军政治委员，统一领导鄂豫皖边区党政军工作。全军约 1000 人，下辖第八十二师和手枪团，由此开始艰苦卓绝的三年游击战争。

金寨红军在中国工农红军第四方面军、第二十五军（重建）和第二十八军（再建）中的序列，如下图所示。

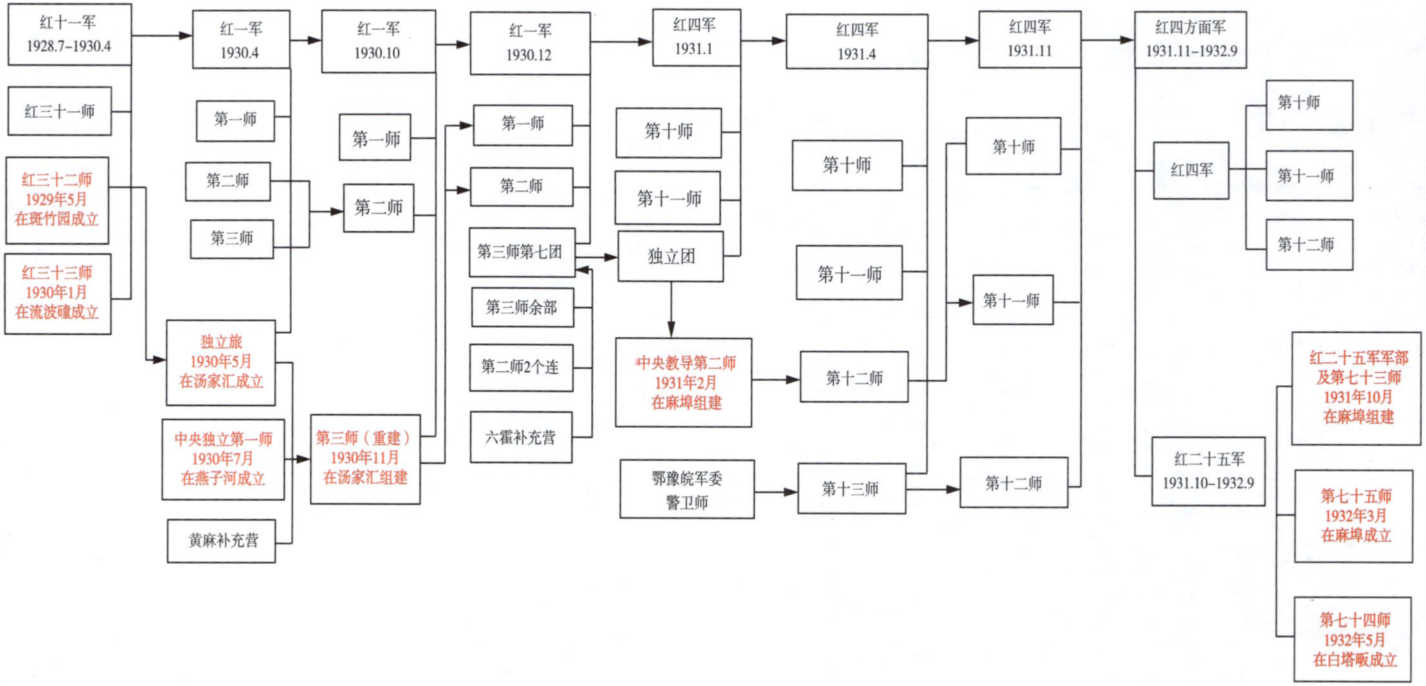

注：①1930年10月中旬，红一军在光山县城召开第一次党员代表大会，第二师和第三师合编为第二师。同时从第一师、第二师各抽调5个连对调混编。

②1930年12月中旬，红一军在皖西作战期间，第三师大部分编入第一师和第二师；另以第三师余部和第二师2个连、六霍补充营组建第三师第七团。

③1931年1月，组建红四军时，活动在皖西地区的第三师第七团改编为红四军独立团。

④1931年11月，红四军第十二师分别编入第十师和第十一师；第十三师改称第十二师。

金寨红军在中国工农红军第四方面军中的序列

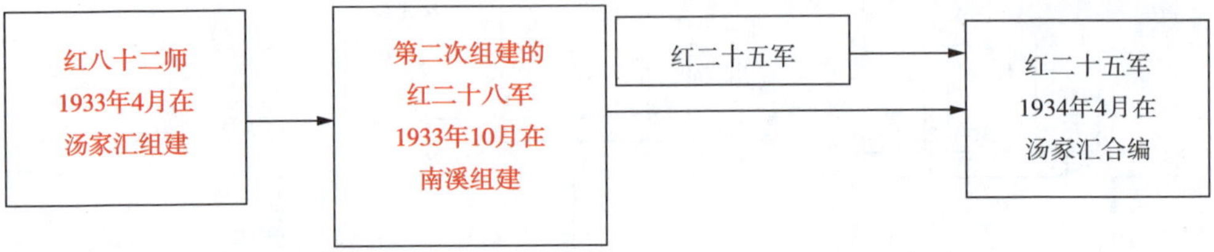

金寨红军在中国工农红军第二十五军（重建）中的序列

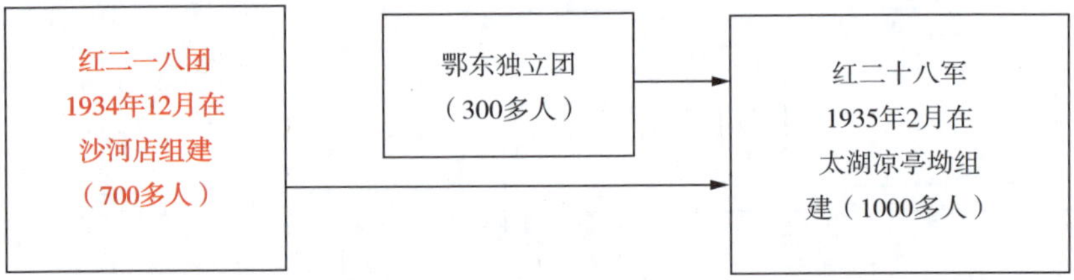

金寨红军在中国工农红军第二十八军（再建）中的序列

第四篇 璀璨将星耀中华

革命战争年代，金寨先后有 10 多万英雄儿女参军参战，绝大多数血洒疆场、英勇牺牲。在这块红色的土地上，一共走出了 12 支主力红军队伍、59 位开国将军、600 多位共和国的高级将领！他们中有全国

金寨籍将军出生地分布图

唯一一位被两授上将军衔的将军洪学智，唯一一位自降军衔、被毛主席称之为我党我军“好同志，好干部”的将军徐立清，唯一一位被毛主席赞誉为游击专家、民兵专家“双专家”的将军林维先，唯一一位被毛主席亲自批示“皮有功，少晋中”的将军皮定均，唯一一位被毛主席称誉为“红军陕南王”的将军陈先瑞，以及受到毛泽东、周恩来、邓小平接见、表扬或鼓励的宋承志、方子翼、陈宏、张贻祥、肖全夫、詹大南等将军。本篇重点介绍这十一位将军的显赫战功和感人事迹。

一、金寨籍开国将军简表

姓名	出生地	生卒年份	主要职务、军衔
洪学智	双河镇	1913—2006	中央军委副秘书长、总后勤部部长兼政治委员、全国政协副主席、上将
徐立清	斑竹园镇	1910—1983	总政治部副主任、中将
林维先	南溪镇	1912—1985	武汉军区副司令员、中将
李　耀	桃岭乡	1911—2003	总后勤部副政治委员、中将
滕海清	关庙乡	1909—1997	济南军区副司令员、中将
张贤约	南溪镇	1912—2002	总后勤部副部长、中将
皮定均	槐树湾乡	1914—1976	福州军区司令员、中将
曾绍山	南溪镇	1914—1995	沈阳军区政治委员、中将
陈先瑞	桃岭乡	1914—1996	北京军区政治委员、中将
丁世方	槐树湾乡	1912—1965	总后勤部卫生部副部长、少将
卜万科	洪冲乡	1910—1969	河南省军区信阳军分区司令员、少将
于　侠	沙河乡	1915—2002	北海舰队司令部顾问组组长、少将
马琮璜	槐树湾乡	1909—1993	安徽省军区第二副政治委员、少将
王凤梧	南溪镇	1901—1985	空军高射炮指挥部副政委、少将
王远芬	斑竹园镇	1907—1962	河南省军区副司令员、少将

（续表）

姓名	出生地	生卒年份	主要职务、军衔
方子翼	果子园乡	1917—2015	空军指挥学院顾问、少将
方升普	斑竹园镇	1915—1981	兰州军区空军副司令员、少将
邓忠仁	汤家汇镇	1904—1976	中南公安部队干部学校副校长、少将
邬兰亭	桃岭乡	1917—2000	武汉军区副司令员、少将
严家安	双河镇	1917—2000	第二炮兵副司令员、少将
李家益	桃岭乡	1918—1974	装甲兵第一副司令员、少将
杨克武	南溪镇	1915—2001	湖北省军区副司令员、少将
肖全夫	南溪镇	1916—2005	乌鲁木齐军区司令员、少将
肖选进	斑竹园镇	1920—2011	北京军区副司令员、少将
吴诚忠	南溪镇	1911—1968	武汉军区后勤部政治委员、少将
佘积德	沙河乡	1916—1981	成都军区顾问、少将
余　明	桃岭乡	1914—1990	空军第四军副政治委员、少将
余嗣贵	双河镇	1913—2000	武汉军区后勤部副政治委员、少将
闵鸿友	南溪镇	1913—1985	陕西省军区副司令员、少将
汪乃贵	南溪镇	1905—1991	贵州省军区副司令员、少将
汪少川	燕子河镇	1915—2002	交通部副部长兼政治部主任、少将
宋　文	古碑镇	1914—1992	南京军区政治部顾问、少将
宋承志	古碑镇	1917—2010	中国人民解放军炮兵司令员、少将
宋维栻	古碑镇	1917—2010	福州军区副政治委员、少将
张行忠	南溪镇	1913—1998	四川茂县军分区司令员、政委、少将
张贻祥	南溪镇	1909—1999	国防科委顾问、少将
陈　宏	槐树湾乡	1915—2004	兰州军区副司令员、少将
陈　祥	油坊店乡	1916—1997	军委工程兵副政治委员、少将
陈伯禄	汤家汇镇	1905—1976	武警政治部副主任、少将

（续表）

姓名	出生地	生卒年份	主要职务、军衔
陈宜贵	梅山镇	1916—1997	北京军区后勤部政治委员、少将
林　彬	斑竹园镇	1916—1994	军委装甲兵副司令员、少将
林乃清	桃岭乡	1915—1995	江西省军区第一副司令员、少将
周发田	吴家店镇	1911—1998	湖北省军区第一副司令员、少将
周时源	古碑镇	1914—1974	第二十八军副军长、少将
胡继成	古碑镇	1915—2016	成都军区副政治委员、少将
胡鹏飞	槐树湾乡	1915—2009	海军副参谋长、少将
赵遵康	桃岭乡	1913—1983	广州军区后勤部部长、少将
徐其海	沙河乡	1913—1984	广西壮族自治区军区顾问、少将
陶国清	南溪镇	1911—1992	山西省军区副司令员、少将
戚先初	斑竹园镇	1913—1991	空军后勤部副政治委员、少将
康烈功	槐树湾乡	1916—2004	北海舰队顾问、少将
董洪国	果子园乡	1910—2001	武汉军区后勤部副部长、少将
程　明	古碑镇	1918—2014	沈阳军区空军副政治委员、少将
傅绍甫	古碑镇	1908—1993	江苏省军区副司令员、少将
曾宪池	南溪镇	1910—1988	防化兵科研院政治委员、少将
詹大南	槐树湾乡	1915—2020	南京军区副司令员、少将
詹化雨	古碑镇	1911—1984	福州军区副政治委员、少将
漆远渥	斑竹园镇	1915—2012	空军后勤部部长、少将
熊　挺	沙河乡	1905—1981	南京军区工程兵副政治委员、少将

二、“两膺上将”洪学智

（一）洪学智将军简历

洪学智，1913 年出生，金寨县双河镇人。曾在中共地下党员开办的学校半工半读，接受了很多的进步思想和革命道理。1929 年，参加立夏节起义，同年参加中国工农红军，并加入中国共产党。

土地革命战争时期，洪学智历任红军队长、班长、排长。红四方面军机枪连连长、政治指导员。1932 年 10 月，红四方面军向川陕转移后，历任营政治委员、团政治部主任、师政治部主任、军政治部主任。1935 年 3 月，参加红四方面军长征。1936 年 10 月，进入抗日军政大学学习。

抗日战争时期，历任抗日军政大学队长、副大队长、第三团团长。1941 年 4 月，他到达苏北，参与筹办抗大第五分校，任副校长。1941 年 10 月后，任苏北盐阜军区司令员，新四军第三师参谋长、副师长。参与指挥阜宁战役、两淮战役。

解放战争时期，率部进军东北，先后任副师长兼参谋长，辽西军区副司令员，黑龙江军区司令员兼中共黑河地委书记，第四野战军第六纵队司令员，第四十三军军长，第十五兵团第一副司令员兼参谋长。参加了辽沈、平津、渡江等重大战役。

中华人民共和国成立后，任广东军区副司令员兼参谋长，参与指挥海南岛登陆战役。1950 年 10 月，任中国人民志愿军副司令员兼后勤司令员，参与重大战役的组织指挥。被授予朝鲜民主主义人民共和国一级自由独立勋章和一级国旗勋章。

1954 年回国后，洪学智任解放军总后勤部副部长、部长。粉碎“四人帮”后，出任国防工业办公室主任、党组书记，解放军总后勤部部长兼政治委员，中央军委副秘书长，中华人民共和国中央军事委员会委员。他注重探索现代战争后勤工作的特点和规律，为建设现代化、正规化的人民军队和与现代战争要求相适应的后勤保障工作，做出了重要贡献。

1955 年洪学智被授予上将军衔，荣获一级八一勋章、一级独立自由勋章和一级解放勋章。曾当选中共第八届候补中央委员，第十一、十二届中央委员，中央顾问委员会委员，第一、五、七届全国人大代

“两膺上将”洪学智（1913—2006）

表，第五届全国人大常委会委员，第七、八届全国政协副主席。1988年9月，他再次被授予上将军衔，名列第一，并成为全军唯一两次被授予上将军衔者。

2006年11月20日，洪学智在北京逝世，享年94岁。

（二）洪学智将军的传奇故事

1. 烽火少年革命路

1928年春，洪学智正在深山里放牛。当共产党的秘密组织联庄队找到他，问他是否愿意“吃大户”时，他说：“哪有不愿意的呢?”于是，他就参加了联庄队。1929年5月，参加立夏节起义。

洪学智作为部队骨干，参加了鄂豫皖苏区四次反“围剿”战斗，包括攻打金家寨、双桥镇、高山寨、独山、黄安、商潢和苏家埠等战斗。

在苏家埠战役中，红四军十师二十九团担任阻击援军的任务。第一仗，重机枪连连长冲锋时牺牲；第二仗，第二任连长冲锋时又牺牲。临危受命，洪学智接任连长，他从战壕里一跃而起，一声暴喊：“冲啊！”敌人一枪打在他的肺叶上，他从山坡上滚了下来。战争胜利了，他却负了重伤。

洪学智将军故居（金寨双河镇）

洪学智作战勇敢，多次出色地完成作战任务，他所领导的党支部被评为红四方面军3个模范支部之一。1932年他随红四方面军西征，参加了粉碎“三路围攻”“六路围攻”的斗争，为创建川陕革命根据地做出了贡献。他创造性地开展思想政治工作，成效显著，受到红四方面军领导的表扬。

1935年3月，洪学智随红四方面军开始长征，率部参加了强渡嘉陵江、土门、包座、绥崇丹懋、天芦名雅邛大等战役，并负责红四方面军的后方收容和筹集粮草等工作。由于正确执行党的民族政策，对少数民族兄弟积极开展统战工作，洪学智获得了少数民族兄弟的支持，不仅解决了红军的粮草供应，更扩大了红军在少数民族地区的影响。

5月，红四方面军向川西北进军，准备与转移中的中央红军会合。洪学智率红四军政治部和红十二师在后方策援，负责建立地方政权，发动和组织群众、支援红军。

7月，洪学智接到指示，要求做好接待中央纵队的工作，并负责接收中央红军的伤病员。洪学智在全军做了动员，连夜出发，翻山越涧，筹集到几万斤粮食和几百只牛羊。

中央纵队到达黑水、芦花后，洪学智前后共送去四批粮食、牛羊

1957 年，洪学智（左一）与毛泽东、邓小平、彭德怀在一起

和慰问品，并圆满完成中央红军伤病员的转送和安置任务。在中央纵队离开时，洪学智第一次见到负责粮草供应的刘少奇。刘少奇深情地说："谢谢你了，谢谢红四军对中央纵队的大力支持。"

2. 抗日战场逞英豪

长征结束后，洪学智进入中国工农红军大学学习，继而转入中国人民抗日军事政治大学（以下简称"抗大"），从事军事教育工作长达6 年，为我党我军培养了一大批优秀干部。1939 年 7 月，他率"抗大"第三大队学员开赴太行山抗日前线，一边参与办学，一边参加了"百团大战"和粉碎华北日伪军大规模"扫荡"等战役。

1940 年 11 月，洪学智奉命率八路军"抗大"总校华中派遣大队奔赴苏北。从太行山到苏北，要冲破敌人 5 道封锁线及大片敌占区。虽然仅有 270 人的学生军和几十支步枪，洪学智硬是凭借丰富的军事经验，率众历时半年，于 1941 年 4 月抵达新四军军部盐城，全队无一减员，被刘少奇政委、陈毅代军长称为“奇迹”。

到盐城后，洪学智任“抗大”五分校副校长，兼任盐城卫戍司令。1941 年 7 月，日伪军出动 1.7 万人向盐城扑来，新四军军部紧急转移。洪学智负责军部直属队 4000 多人及“抗大”五分校 1000 多名教职员工的转移任务。洪学智决定轻装转移，并把有战斗经验的四支队的连排干部，分成若干小组，3 个人一个战斗小组，分散活动，相互联络，保障军部直属队及五分校安全撤离。

洪学智还安排在多处布设水雷，准备在水上杀伤敌人，迟滞敌人行动。盐城河多桥多，他充分利用地形，凡是有桥的地方，都让后撤人员过一道拆一道，终于甩开了追敌，顺利完成突围任务。

盐阜军区司令员洪学智（后排左一）与各部长合影（1941 年）

1941 年 10 月，洪学智任盐阜军区司令员，在领导盐阜军民开展反伪化、反蚕食斗争中，不断发展壮大地方武装力量。仅用一年时间，盐阜军区地方武装就扩大到 8 个团 1 个营，共 5000 多人，受到华中局特令表彰。

1945 年 4 月，时任新四军三师参谋长的洪学智担任前线总指挥，发起阜宁战役。

洪学智通过实地侦察和地下党情报摸清敌情，决定采用集中优势兵力、分割包围、各个歼敌的策略，先打城北外围据点，待扫清外围后再攻城的作战方案。

4 月 24 日，阜宁战役正式打响。三师主力部队悄然急行军，到达阜宁城外围，趁着天黑，将敌人的几个据点包围。次日下午 3 时，将外围敌人扫清，城内之敌已是瓮中之鳖。到 26 日凌晨 3 时，全歼伪五军军部和两个师部、7 个团。战役从发起到结束，仅用 36 个小时。阜宁成为新四军在苏北战场解放的第一个城市，并积累了攻城作战的宝贵经验。之后，三师相继攻克车桥、淮阴、淮安等重镇，歼敌 1.4 万余人。洪学智与三师成为苏北人民心中的抗日英雄。

3. 横扫敌军如卷席

1945 年 10 月 11 日，黄克诚、洪学智率三师主力 3 万余人到达山东临沂，并遵照中央指示，迅即转赴东北。三师出发时，中央电报要求把武器留下，徒手到东北后重新装备。洪学智认为战争期间部队徒手长途行军有危险，沿途既有土匪，又有开往东北的国民党军队，因此力主全副武装到东北，得到陈毅、罗荣桓的认可，三师才把武器带走。后来不出所料，部队一到东北就打仗。如果当初徒手到东北，后果不堪设想。

14 日，三师跨胶济铁路，渡黄河，越津浦铁路，到达冀东平原后，日夜兼程北上，抢占东北要地。洪学智兼任铁路司令，指挥各地铁路局及沿途护路部队疏通新立屯至承德间的铁路。他命令沿路各站及各部队，把占有车皮交出来统一调度，保证铁路畅通。经过一星期的日夜抢运，把滞留在途中的 1 万多名干部和大批物资运到东北，圆满完成任务。1946 年 1 月，三师攻下通辽城，迅速开展剿匪、发动群众、建立根据地等工作。

1988 年 9 月，在授衔典礼结束后，洪学智受到邓小平亲切接见

1947 年 1 月，洪学智担任东北民主联军主力六纵司令员。1948 年 9 月，率部参加辽沈战役。11 月 24 日，率六纵冒雪向关内挺进，参加平津战役，进抵香河，切断平津之敌联系，粉碎北平守敌东逃企图。

平津战役后，东野六纵改编为四十三军。1949 年 2 月中旬，四十、四十三两军 12 万人组成东北野战军先遣兵团，南下信阳，进逼武汉，钳制白崇禧集团，配合中原、华东野战军渡江作战。

5 月 14 日，洪学智指挥四十三军横扫长江北岸敌军据点，经一夜激战，控制西起团风、东至武穴 100 多公里的长江北岸，解决渡江船只。15 日，渡长江，迫武汉守敌于次日弃城南逃。四十三军猛追逃敌，先后攻占鄂城、九江、德安、南昌等地。

第十五兵团组成后，洪学智任第一副司令员兼参谋长。7 月，参与指挥湘赣战役，解放湘赣广大地区。9 月至 10 月间，参加衡宝战役和广东战役，攻占广州。11 月，参加广西战役，继续围歼敌白崇禧残部，并开展剿匪斗争。

11 月，十五兵团与广东军区合并，洪学智任副司令员兼参谋长、江防司令。12 月，四野首长决定由十五兵团领导机构指挥海南岛战役。洪学智组织各参战部队加强渡海作战战术的研究和训练，并赴京向中央军委朱德总司令、聂荣臻总参谋长汇报渡海作战计划和准备情况。洪学智等拟定的小批多次偷渡和宽大正面强攻登陆的战术非常成功。1950 年 4 月 16 日，解放海南岛战役打响；1950 年 5 月 1 日，海南岛全境解放，开创了解放军海上作战胜利的先例，创造了木船战胜军舰的奇迹。

4. 抗美援朝立奇功

1950 年 8 月，十五兵团副司令兼参谋长洪学智奉命回京，中央军委指示他迅速赶赴东北。一代战将洪学智就此踏上了抗美援朝的征程，开始了一代名将的新辉煌。

10 月 19 日，洪学智率部踏上了朝鲜的国土。志愿军领导机构进行分工，洪学智副司令员分管司令部、特种兵和后勤工作。1951 年 5 月，洪学智又兼任后勤司令员。

洪学智八十寿辰时，江泽民到家中祝贺（1993 年）

志愿军没有制空权，敌军飞机随时来回轰炸。司令部的安全受到严重威胁，洪学智和邓华商议，先给彭总（彭德怀）建一个防空洞。

不久，志愿军司令部就发生了被炸事件。那天下午，4 架美国飞机在大榆洞上空转了一圈，炸坏了山坡上的变电所。天快黑时，敌军飞机又来侦察，这使洪学智警觉起来。他找到邓华，说：“伙计，我看情况不对，闹不好明天要出事。”邓华说：“那我们就研究一下明天防空的事情，得想法子让彭总参加。”

第二天，要研究作战方案，洪学智想出一招——把彭总屋里的地图摘下来，挂进防空洞。彭总不能一日无地图，更何况在特殊时期。其他人都进了防空洞，彭总还不肯从自己屋里出来。洪学智走进去，彭德怀一见洪学智，就问：“你把我的作战地图弄哪里去了？”“老总，拿到防空洞里去了，我们都在等你去研究作战方案呢。”见彭总不再说话，洪学智连推带拉，把他请了出来。洪学智又叫警卫员把彭总的铺盖也抱到洞里去。

1993 年 7 月 25 日，辽宁省丹东市抗美援朝纪念馆落成典礼时，洪学智与时任中共中央政治局常委胡锦涛在丹东鸭绿江畔留影

作战会议没开多久，敌军飞机就来了，朝彭德怀住的房子一阵狂轰滥炸，一枚汽油弹正好落在彭总卧室的顶上，房子很快烧起来。晚上，洪学智去叫彭总吃饭，彭总深情地说："今日不是你，老夫休矣！"

1951 年 4 月，第五次战役发动前夕，志愿军空寺洞指挥所又遭美空军飞机扫射。洪学智急忙叫醒还在熟睡的邓华，二人一同跑到山沟里，彭总的房子被美军的火箭弹击中，彭总防空洞口的沙袋被打出了 70 多个子弹眼，邓华的床也被机关炮打穿。幸亏头天晚上洪学智安全检查后，要求工兵连夜在彭总防空洞洞口用沙袋堆出三角形的隐蔽墙，延深了防空洞，否则，后果不堪设想！洪学智以自己的细心和机警，再次避免彭总遭遇敌机的轰炸和扫射。

怎样保证几十万志愿军的供给？这是洪学智面临的重大难题。而最令洪学智头痛的，则是美国的"空中绞杀战"。为破解美国的"空中绞杀战"，洪学智对战场形势作了详细分析，认真研究了"空中绞杀战"的特点。他下令部队，将高射炮集中隐蔽起来打击美军轰炸飞机，保护重点桥梁，保证运输车辆通过；同时，对运输车辆进行伪装，设置假目标，搞乱美军飞机的辨认力；投入大量的铁道兵、工程兵抢修铁路和桥梁。就这样，洪学智带领战士们建起了"打不断、炸不烂、冲不垮"的钢铁运输线，切底粉碎了美军策划的"绞杀战"，为我军创造了取得抗美援朝胜利的关键条件。

为了打断志愿军的运输线，敌人绞尽脑汁，不断改变战略战术。但"敌变我变"：敌人变重点突击，洪学智就命令高炮部队改"集中兵力重点保卫"为"重点保卫，机动作战"；敌机轰炸桥梁，志愿军就把桥梁藏起来，变成水中桥、潜水桥……美军平均每天出动 300 多架次飞机疯狂轰炸，对志愿军后方发起大规模的空中"绞杀战"。洪学智率领志愿军发明了"片面运输""顶牛过江""水下桥"等许多巧妙的运输方式，建立了正规化、网状化的后勤体系，成为炸不烂、打不断的钢铁运输线。

战争结束后，苏联专家来华了解志愿军铁道兵经验，对"顶牛过江”等发明倍加赞赏。时任美国第八集团军司令范佛里特曾对世界各国记者们说：“虽然联军的空军和海军尽了一切力量，企图阻断共产党的供应，共产党仍然以令人难以置信的顽强毅力，把物资送到前线，创造了惊人的奇迹。”时任美国“联合国军”总司令克拉克上将在他写的回忆录《从多瑙河至鸭绿江》一书中，这样描述他签署停战协议时的心情：“我执行政府指示，我获得了一个不值得羡慕的名声：我是美国历史上第一个在没有取得胜利的停战协定上签字的司令官。我感到一种失望的痛苦。”

5. 魂牵梦绕故乡情

戎马一生的洪学智将军一直思念着故乡的山山水水，思念着为革命做出巨大贡献和牺牲的战友和家乡人民。

洪学智将军与乡亲们在一起

1953 年，洪学智首次回到阔别 20 多年的故乡，年事愈高，洪学智思乡之情愈浓，先后于 1986 年 4 月、1990 年 10 月、1991 年 11 月、1994 年 6 月、1997 年 5 月回到家乡探亲、视察。2002 年 5 月，已经 90 岁高龄的洪学智第七次回到金寨时，他老家正在修路，不便行走，陪同者劝他不要回去了。老将军有几分失望，但坚持让自己的 3 个儿子回去，代替他看望家乡的父老乡亲。当儿子们带回从老家双河拍摄的录像时，老将军认真地观看着，边看边笑，还鼓起了掌，像个开心的小孩。洪学智还把南溪、双河的亲戚接到县委招待所，详细询问其家庭、生活和生产情况，并摆了几桌菜请亲属吃饭，坚持不让县里安排，饭后洪学智自己掏钱付账。

中华人民共和国成立后，毛泽东主席发出“一定要把淮河修好”的伟大号召，国家相继在金寨县境内兴建了梅山、响洪甸两座大型水库，库容量达48亿立方米，大批良田和经济林被淹，金寨人民为国家建设做出了新的贡献和牺牲。洪学智始终把库区群众的生活困难记在心里，尽心尽力为老区人民排忧解难。

洪学智将军塑像（金寨双河镇）

1974年金寨县旱灾严重，很多人家断炊了。当时全县有很多的孕妇，吃饭成了问题，有位孕妇给洪学智写信求助。一个月后，县里调来一大卡车红薯干。洪学智打电话特别委托县里的同志转告她们：收到信后很着急，请部队的同志从外地调配了红薯干送来，要求县里将其分给孕妇，以度荒年。那年，孕妇们都知道是洪学智救了自己和孩子，有的孕妇还留下一小包红薯干，留给孩子做纪念，铭记洪学智将军的救命之恩。

金寨县“两地病”（地方甲状腺肿，地方性克汀病）一度较为严重，洪学智得知情况后十分忧虑，并及时向相关部门反映，军队和地方医疗机构纷纷伸出援助之手。1984 年 5 月，中央军委派出医疗队赴金寨，调查并医治疑难病症及地方性多发病。1985 年 6 月，国家民政部、财政部、卫生部和总后勤部联合发出《关于组派军队医疗队支援革命老区卫生建设的通知》。随后，第二军医大学、原南京军区总医院等单位先后向金寨派出 7 批医疗队，并支援了大批药品和器械设备。原南京军区总医院还创办了金寨县卫生学校中专班，培养了一大批“带不走的医疗队员”，并帮助建立三级防治培训网和碘盐监测网。1987 年底，金寨县通过了国家级地方病检查验收，并获评全国地方病防治先进县。

洪学智时刻牵挂着家乡人民的冷暖安危，从 1979 年至 1987 年，他组织动员部队官兵捐赠棉衣棉被 24 万多件。1991 年又捐赠棉衣 7.4 万件，解决了不少老百姓过冬的难题。

为帮助金寨发展运输业，1984 年，洪学智将解放军换装后退役的 20 多辆军用卡车送到金寨。洪学智还主持起草一个文件呈报军委，建议全军拿出 2000 辆退役汽车，支援 100 个老区。1985 年国庆节前后，金寨县又得到 25 辆“解放牌”汽车，组建了全县第一个汽车运输公司。

洪学智始终关注家乡的教育事业，每次回金寨，总要到学校看望广大师生，询问山区学校教育情况。1997 年 5 月，洪学智看到家乡双河职高教学条件简陋，十分着急。经他积极协调，原全国政协委员、香港新恒基国际（集团）有限公司董事局主席兼总裁高敬德先生捐资 50 万元，省政府拨款 20 万元，地方政府和社会各界筹资 35 万元，为双河职高建起集理化生实验室、微机室、图书馆、阅览室于一体的综合教学楼“敬德楼”。洪学智将军亲自挥毫题写楼名，并参加了揭牌仪式。

6. 艰苦朴素度人生

一床毛巾被“盖”了三代人。1949 年 10 月 14 日，洪学智率领四野十五兵团解放广州，用自己的津贴在广州购买了一床毛巾被。他带着这床毛巾被战斗在抗美援朝战场上，参加了南京高等军事学院的学习，度过了初任总后勤部部长和下放吉林担任农机厅厅长的难忘岁月。“文革”中，他又把这床毛巾被送给了大儿子洪虎夫妇，后来又传给孙子、孙女。20 世纪 90 年代，洪学智的夫人张文把这床毛巾被取回、保管起来。一床普通的毛巾被用了 60 年，“盖”了 3 代人。

一床皮褥子成为“传家宝”。参加抗美援朝战争前夕，洪学智在丹东购买了一床狗獾皮褥子，以抵御朝鲜冬天的寒冷。回国后，洪学智将军一直将它保管着。20 世纪 90 年代，孙女手术后需卧床休息，洪学智让夫人把皮褥子送去，让她使用。孙女病愈后，又把这床皮褥子收藏起来，留存至今。

洪学智将军使用过、盖了三代人的毛巾被

一只柳条箱用了 17 年。1959 年，洪学智担任总后勤部部长时，张文在北京西单商场购买了一只柳条箱子。后来，这只柳条箱伴随洪学智将军在吉林工作了 17 年，至今已有 60 年的历史。

洪学智先后两次担任总后勤部部长，但从不利用权力为自己及家人谋取私利。他生活俭朴、清正廉洁，对家属和身边工作人员严格要求。平常迎送客人，都是自掏腰包，设家宴招待，始终保持着艰苦奋斗的光荣传统，被誉为党和人民的“红管家”。

洪学智将军墓碑

雷打不动的“八条铁令”。针对当时社会上存在的一些不正之风，洪学智定下了许多规矩，比如：下部队严格“四菜一汤”标准，就餐摆酒一律不喝，任何时候都不许用公家的钱款请吃请喝，饭桌上不许有剩饭，部队和下级送的礼物一律不收，不允许子女搭便车，等等。后来，这些规定被下属概括为“八条铁令”，并始终认真执行，谁都不敢触犯。

一次到安徽芜湖调研时，当地送了一个砚台。跟随的秘书考虑这个砚台对首长练习书法、健身有好处，就自作主张收下了。洪学智知道后，严厉批评了秘书，并把砚台退了回去。

洪学智到部队检查工作，一向坚持轻车简从，反对前呼后拥，都是到食堂与战士一起用餐，并且主动结清费用。

三、受到毛泽东、周恩来、邓小平等接见或称赞的金寨籍开国将军（中将）

（一）“三让将军”徐立清

1. 徐立清将军简历

徐立清，原名徐映清，1910 年出生，金寨县斑竹园镇人，1929 年

徐立清中将（1910—1983）

参加红军，1930 年加入中国共产党。

土地革命战争时期，徐立清历任红四方面军第十一师政治部组织科科长、宣传科科长，红十一师三十二团政治处主任，红十二师政治部主任，红四军政治部主任，红四方面军总卫生部政委兼总医院政委。参加了鄂豫皖革命根据地第一至第四次反“围剿”斗争、川陕革命根据地反“三路围攻”“六路围攻”及红四方面军长征。

抗日战争时期，历任八路军第一二九师政治部组织股股长、骑兵团政治处主任，一二九师政治部组织部部长，冀南东进纵队政委兼第五支队政委，中共中央党校二部组教科科长，陕甘宁晋绥联防军新编第四旅政委，参加了粉碎日寇对晋东南地区的“九路围攻”和对冀南地区的“扫荡”。

解放战争时期，历任陕甘宁晋绥联防军政治部主任，西北野战军政治部主任、第六纵队政委，第一野战军第六军政委，第二兵团副政委兼政治部主任，第一兵团政委，中共中央新疆分局副书记兼新疆军区政治部主任，参加了延安保卫战和沙家店、扶眉、兰州等战役。

中华人民共和国成立后，他历任中央军委总干部管理部副部长，总政治部副主任，济南军区政委，成都军区第一政委，是中共第十一届候补中央委员，中共中央军委委员，中央顾问委员会委员。他是第一、第

二、第三、第四届全国人大代表，第三届全国人大、全国政协常委。

1955 年，徐立清被授予中将军衔，荣获一级八一勋章、一级独立自由勋章、一级解放勋章，1983 年 1 月 18 日在北京逝世。

2. 徐立清将军的“三让”故事

徐立清的一生，淡泊名利、顾全大局，主动让级别、让军衔、让职位的高风亮节，受到全军将士的一致赞誉，被誉为“三让将军”“人生楷模”。

(1) 主动让级别

1950 年 9 月，中央军委成立总干部管理部。毛主席对总政治部主任罗荣桓点将，“成立总干部管理部，要徐立清来搞。”总干部管理部成立后，由罗荣桓兼任部长。罗荣桓认为，“徐立清同志对毛主席的干部政策思考领会得深刻。”“心胸开阔，待人厚道，善于团结人。”在副部长分工时，徐立清主管干部任免、组织调配工作。

徐立清（左一）和鲍尔汉、王震、王恩茂在迪化（乌鲁木齐）合影（1949 年）

1952 年，全军干部定级，徐立清主持这项工作。早在中华人民共和国成立前，徐立清已担任大兵团政委，按规定应是正兵团级。有关部门上报中央军委的报告上写的是“正兵团级”，徐立清看到后却改为

“副兵团级”，并专门写了报告，这是徐立清的“第一让”——“让级”。罗荣桓部长、赖传珠副部长都认为徐立清应定为正兵团级，同时，也深为徐立清的高尚风格所感动。罗荣桓部长多次表扬徐立清，称他是一位“以身作则的楷模，同志学习的榜样”。在定级审批报告上，主持常务工作的军委副主席彭德怀最后将徐立清提出的“副兵团级”改为“正兵团级”。

（2）执意让军衔

1955年1月，中央军委发布《关于评定军衔工作的指示》，对军衔评定工作做出政策性的规定。在罗荣桓的直接领导下，徐立清以高度的政治责任感主持这项工作。

按照军委规定的条件，徐立清完全符合授予上将军衔的标准。当他看到授予上将军衔人员名单中有自己时，却悄悄将其“下调”到中将行列。罗荣桓部长亲自找徐立清谈话，又把他的名字加到了上将名单中。

徐立清此后给罗荣桓部长写信，信的大意是：此次授衔，自己要求低授。作为主管授衔工作的副部长，更应该严格要求自己，为大家做出好样子，否则，就不好要求别人。

在中央军委会议上，彭德怀副主席提及这件事时说：“徐立清我了解他，人很好，没有名利思想，而且言必信、行必果。”毛主席连连点头说：“不简单呢，金钱、地位和荣誉最可以看出一个人的思想和品格，古来如此！”

经过反复思考，徐立清又先后给毛主席、中央军委和罗荣桓部长连续写了几封信，表明自己的决心，再次阐明自己要求低授的理由。

周总理亲自找徐立清谈话、做工作。但徐立清一直坚持自己的想法，周总理没有做通徐立清的工作，反而被徐立清说服了。最后，周总理同意了徐立清的请求，并感慨地说：“主席说许光达是一面明镜，共产党人自身的明镜，我说你徐立清也是一面镜，是难得的一位好同志。”

1947 年 3 月，西北野战军司令员兼政委彭德怀（左二）、
副政委习仲勋（左三）和政治部主任徐立清（左一）在青化砭前线

徐立清是全军唯一一名正兵团级干部未授予上将军衔的将军。这种高尚情操，在广大干部中传为佳话，毛主席称赞徐立清是党和军队的“好同志，好干部”。在授衔仪式举行的前一天，周总理又专门邀请徐立清到中南海面谈。周恩来特地让摄影记者留下自己和徐立清的合影。

1955 年 9 月 27 日下午，授衔仪式在中南海怀仁堂举行。这次评衔，共评出了 10 位元帅、10 位大将、55 位上将、175 位中将。主动让衔的徐立清排在中将之首。

当晚，在中南海怀仁堂外的草坪上举行了盛大晚宴，身着将帅服装的元帅、将军们兴高采烈，端着酒杯互致问候。刘少奇委员长突然喊出“徐立清”的名字：“你是一名应该授上将而没授上将军衔的中将。”徐立清说：“您本该授元帅，不是也没要嘛。”彭德怀也来到徐立清面前说："你那两颗金豆的含金量可不一般啊。"

（3）再三让职位

徐立清积极参与领导从全军调选了近 3 万名军事、政治、后勤和各类技术干部，还参与调配了近 20 万名干部，组建各军兵种及各大单位领导机关，从而使人民解放军由单一步兵走向诸兵种合成的重大的历史转变。总干部部还向地方输送了 80 多万名干部，既支援了各级政权建设和经济社会建设，也推动了军队自身建设。

1955 年，徐立清心脏病复发，几次晕倒在工作岗位上，从下半年开始，不得不住院治疗。他主动要求总干部管理部的任免工作由宋任穷副部长兼管。罗荣桓部长在向毛主席汇报工作时，曾谈到徐立清的工作态度。毛主席说："评衔工作很辛苦，管评衔工作的同志更辛苦。徐立清我是了解的，工作勤奋，没有名利思想，他的作风很值得同志们学习。"

徐立清为自己有病不能坚持工作深感不安。他对赖传珠副部长诚恳地说："请转告罗荣桓部长，我的身体状况很差，短时间内不能工作，建议总干部管理部物色一位年轻同志接替我的工作。"当罗荣桓部长专程到医院看望他时，徐立清当面提出找人接替自己工作的想法。罗荣桓对他说："现在安心养病更重要，工作上不要过多考虑。"此后，在病榻上，徐立清亲自给中央军委写信，建议免去他总干部管理部副部长职务，以便及时任命新人。军委进行了研究，最后结论是："放放再说。"

徐立清的思想包袱越来越重，又给彭德怀、罗荣桓写信，请求提前退出现役、转业地方，做些力所能及的兵役或群众工作。几天后，罗荣桓部长正式通知徐立清：提出退出现役的请求，军委和总部没有采纳，等病好了继续履行总干部管理部副部长职责。徐立清"让位"的请求虽未获批准，却反映出他对党的事业、对部队建设高度负责的坦荡精神和荐贤让贤的宽广胸怀。

1960 年 12 月，身体已有好转后，徐立清出任总政治部副主任，仍

徐立清（右三）在济南军区某部检查工作（1974 年）

分工主管全军干部的铨选工作。徐立清主动“让级别”“让军衔”“让职位”，军内外都尊称他为“三让将军”。

1983 年 1 月 6 日，徐立清病逝于北京。徐立清逝世后，中共中央、国务院、中央军委、驻北京部队代表及 1800 余位高级干部前往医院向其遗体告别，徐向前元帅在审定悼词时特别强调，徐立清“有功不骄傲，委屈能求全”。军委主席邓小平握着徐立清夫人党秀玉的手说：“立清是我的老部下、老战友，他是一个好同志。”

（二）“游击专家”林维先

1. 林维先将军简历

林维先，1912 年出生，金寨县南溪镇人，1929 年参加立夏节起义，1930 年入团，1932 年转入中国共产党。

土地革命战争时期，林维先历任鄂东游击司令部特务营一连政治指导员，红二十五军七十四师二二二团一营政治委员、团政治委员，

林维先中将（1912—1985）

红八十二师师长，红二十八军参谋，第八十二师二四四团营长、副团长，参加了鄂豫皖苏区历次反“围剿”斗争和三年游击战争。

抗日战争时期，林维先历任新四军第四支队参谋长、副司令员，参与指挥蒋家河口战斗，后任新四军第三支队参谋长兼挺进团团长。皖南事变后，历任新四军第七师沿江支队支队长兼政治委员，中共沿江地委书记，第七师十九旅旅长。

解放战争时期，林维先历任山东野战军第七师参谋长，华东野战军第七纵队副司令员，华东军区后备兵团司令员。

中华人民共和国成立后，林维先历任华东军区公安部队副司令员，浙江军区司令员，南京军区副司令员兼参谋长，武汉军区副司令员，中国共产党第十二届中央纪律检查委员会委员。

1955 年，林维先被授予中将军衔，荣获一级八一勋章、一级独立自由勋章、一级解放勋章，1985 年 7 月在武汉逝世。

2．“游击大师”林维先的跌宕人生

（1）声东击西，掩护机关转移

1934 年春，敌人对皖西北苏区进行重点“围剿”，占领了所有集镇和较大村庄，封锁交通要道，建筑大小碉堡。鉴于敌人对皖西北苏区反复“围剿”的严峻形势，中共皖西北道委书记郭述申决定由红八十二师掩护鄂豫皖省委机关和红二十五军军部向鄂东北转移，当时省委和红二十五军军部本身作战能力不过一个营。时任红八十二师师长林维先和政委江求顺认为：如果向东，从长岭关走最近，但属敌重点防区，关东属敌二十五路军防区，有第六十五师驻守，关上有东西防区部队各一个营驻守，周围30里之内，有大批敌主力部队驻防，可随时增援；如果向西，要从沙窝、新集过去，虽然敌人防守兵力相对较少，但要多走一半的路程，万一被发现，便会被四周之敌包围，危险性更大。

林维先征得道委书记郭述申和省委及二十五军领导的同意，决定采取声东击西的战术，将红八十二师一分为二，政委江求顺率一营和手枪队向沙窝、新集方向游击，造成向该方向转移的假象，引诱敌人向西追击；林维先率二、三营和交通队昼伏夜出，掩护省委和红二十五军军部，向长岭关运动，力争速战速决，强突长岭关，向麻城方向疾进，返回鄂东北七里坪老苏区。

不出所料，当一营和手枪队向沙窝、新集方向活动时，敌军总指挥梁冠英率二十五路军“追剿”队一个旅跟踪追击，东线之敌相对减少。林维先探知敌军“追剿”部队西去，迅速由莲花山向长岭关疾进，午夜到达长岭关东侧。凌晨二时，林维先亲率二营，攀登悬崖，直捣敌关上驻军，命三营和交通队乘关上激战、关东之敌向上增援时，掩护省委和红二十五军军部从长岭关左侧碉堡前过关。

林维先率二营攀登上关，迅速歼灭了敌哨兵，驻敌还在梦中，大部分敌人被歼灭。这时关东、西两边的守敌听见关上枪声，纷纷向上攻来，林维先指挥二营向两边还击，这时三营和交通队掩护省委和红二十五军军部，冒充敌二十五路军“追剿队”，顺利过关。林维先引诱关东、西驻敌交火后，率部从右侧悄然离去，向麻城方向转移。

关东、西之敌夜战近一个小时，才知是误会。梁冠英、刘茂恩两位司令官都大为恼火，在电话上对骂。这个故事，在敌军中传为笑柄。这一仗打得漂亮，林维先受到鄂豫皖省委的通报表彰。

（2）师长降为挑夫，扁担杀敌

正当林维先率领红八十二师转战皖西北，不断取得作战胜利时，厄运却来临。1934年10月，在皖西北道委“肃反”运动扩大化的影响下，林维先被怀疑是“改组派”，不仅被撤销师长职务、开除党籍，还被带到英山陶家河公审、准备处决。召开公审大会时，战士们都不举手表态，不少战士和干部冒着生命危险为他求情。在全师指战员冒死作保下，林维先才被免除一死，被罚到苦工队当挑夫。

无端蒙冤受屈，林维先从师长直接降为最底层的苦工队挑夫！如此大的落差，丝毫没有动摇林维先的革命意志和对党的坚贞忠诚。很多人为其鸣不平，林维先却看得很淡，他对大家说：“为革命抬担架、当挑夫也是光荣的，照样打敌人!”

红二十五军长征后，敌人继续疯狂“进剿”鄂豫皖革命根据地，很多地方被敌人占领。中共皖西北道委在全军沙河店将零散的红军组建成红二一八团，不仅枪支弹药奇缺，连粮食也非常短缺，罗成云团长和熊大海政委到产粮区白塔畈征粮，苦工队也带着扁担、口袋随同前往，准备挑粮。由交通队一个排看管苦工队，隐蔽在山坡丛林里，向北警戒霍邱、六安的来犯之敌。下午2时许，驻霍邱大顾店的安徽保安第三团，闻报所属防区白塔畈有红军活动，派前锋一个营试探进攻。

当敌人距苦工队隐蔽处千米左右时，林维先对交通队队长吴大友说：“敌人看样子是保安团。历来是我们的手下败将，不用怕，跟他们干!”当时苦工队仅有80余人，且每人只有一根扁担。他积极动员苦工队员：“冤死不如战死。战死了还算烈士，冤死在自己队伍里算个啥!”他的话激励了交通队，也鼓舞了苦工队。大家齐声说：“和白狗子拼了!”

吴大友说：“林师长，你就指挥我们干吧。”林维先让吴大友带交通队向山林运动，切断敌人的退路，同时嘱咐苦工队注意隐蔽，待敌人靠近再缠住打。

不一会，敌人进入苦工队隐蔽的山坡下。林维先大喊：“冲啊！”几十条扁担顿时冲到敌群中左劈右砍，与敌人厮打在一起。交通队又从敌人背后杀过来，打得敌人晕头转向，火力无法展开，四散逃窜。一个骑马的敌军官，看林维先只拿一根扁担，举起手枪就要打。林维先就地一个翻滚到马下，一扁担将敌人扫下马来；接着又是一扁担，敌人当场毙命。林维先撕下符号一看，原来是敌少校军官。

林维先回忆录《敌后三年》

这时，罗成云团长和熊大海政委又带部队增援而来，将逃敌追到下骆山，敌军前锋营被消灭大半，其后卫两个营望风而逃。

林维先和苦工队员们用扁担拼命杀敌的行动证明了自己的清白，并重获信任。回到驻地，道委书记高敬亭宣布摘掉苦工队的帽子，将其编为红二一八团第三营，并任命林维先为营长。

（3）出奇制胜，“游击将军”扬名

从挑夫重新成为红军的指挥员后，林维先在三年游击战争中机智勇敢、出奇制胜，出生入死，多次负伤，令敌人闻风丧胆。

1936 年 3 月，红二十八军在太湖县柴家山召开会议，决定采取“化整为零，集零为整”的方针，以营为单位，深入平原地区开展游击战争。

林维先在湖北荆州地区检查民兵工作（1975 年）

1936 年 4 月，时任第一营营长林维先，主动配合鄂东北独立团，在礼山县老山寨消灭敌一零二师一个营，并吸收 70 多名被俘士兵加入红军。在东阳岗据点，林维先率部以训话为名，将保安团一个连全部缴械。

从 5 月底到 10 月中旬，林维先率领第一营三次越过平汉铁路，独立活动，先后拔掉信阳县平林团防局和刘家河据点，捣毁信阳县蔡家河和安陆县赵家棚敌区公所，攻克信阳县猪槽岗和京山县仁和集、谢家寨、大山头、马家河以及随县洛阳店、贯庄、柳林等反动围寨，还活捉了敌十一路军秘书长，缴获大批银元和军用物资。

1936 年 11 月，林维先和商南县委书记张泽礼率领红军队伍，化装成国民党的伤兵队，在金寨境内的熊家河喊开敌人的一个碉堡，一枪未放，一个班的民团全部被俘。接着，他命令俘虏扛着卸掉枪栓的枪走在前面，如法炮制，一连喊开赵家集等 11 个碉堡，并在不到一个月的时间里，横扫熊家河、汤家汇、麻河、胭脂等地 30 多个碉堡和 60 多个“移民并村”的围寨，使根据地斗争出现了新局面。

1938 年 2 月中旬，四支队司令高敬亭和参谋长林维先到武汉中共长江局开会时，周恩来介绍说：“这两位是大别山苏区赫赫有名的游击专家！”

游击大师（聂荣臻题词）

1948 年 6 月，林维先任华东军区后备兵团司令员。淮海战役中，他在鲁中南地区开展支前工作，在两个月内，就动员 8 万农民参军，筹集 1 万多辆骡马大车和数百万公斤粮食支援前线，为淮海战役的胜利提供了强有力的后勤保障。

上海解放后，林维先任淞沪警备区第一副司令员。他组织精干力量，先后侦破案件 160 多起，破获特务组织 50 多个，捕获敌特分子 7000 余人，将国民党潜伏上海的特务、匪徒势力基本清除，对稳定上海社会治安发挥了重要作用。

1955 年 1 月，林维先协助张爱萍将军指挥陆海空三军联合作战，一举解放江山岛。春节前夕，毛泽东主席到浙江视察，听了时任浙江省军区司令员林维先的汇报后说：“你不但是游击专家，还是民兵专家呢！”聂荣臻元帅为林维先将军题写了“游击大师”四个大字。

1985年7月，林维先在武汉病逝。林维先将军在光辉的革命生涯中，始终以自己的行动诠释着对革命理想信念的坚守和践行，他对党忠贞不渝、对革命事业矢志不移的高贵品格和伟大精神，永远值得后人学习。

（三）“飞虎将军”皮定均

1. 皮定均将军简历

皮定均，1914年出生，金寨县槐树湾乡人，1928年入团，1929年参加红军，1931年加入中国共产党。

皮定均中将（1914—1976）

土地革命战争时期，皮定均16岁任英山县儿童团团长，先后担任红四军第十二师三十五团一营三连政治指导员、二营政治教导员，红四方面军红军大学指挥科副科长，步兵学校第一营营长，红军大学教导师二团团长。在鄂豫皖苏区第一、二、三、四次反“围剿”和创建川陕根据地斗争中，多次立功，并参加了长征。

抗日战争时期，皮定均历任八路军第一二九师特务团团长，太行军区第五军分区司令员、第七军分区司令员，豫西抗日先遣支队司令员，河南人民抗日军第一支队支队长兼河南军区第一军分区司令员。参加了豫西抗日根据地的开辟和反“扫荡”斗争。

解放战争时期，皮定均历任中原军区第一纵队第一旅旅长，华东野战军第六纵队副司令员，第三野战军二十四军副军长、军长。参加了淮海、渡江等战役。

中华人民共和国成立后，皮定均任第二十四军军长兼政治委员，奉命率部入朝作战，荣获朝鲜民主主义人民共和国一级国旗勋章。1953 年 4 月回国后，历任福建军区副司令员，福州军区副司令员，兰州军区司令员，福州军区司令员，为东南沿海和西北边防建设，做出了重要贡献。

1968 年 8 月，毛泽东在北京接见皮定均

1955 年皮定均被授予中将军衔，荣获二级八一勋章、一级独立自由勋章、一级解放勋章。他曾当选中共第九、第十届中央委员，第九、第十届中央军委委员，第三、第四届全国人大代表。

2.“皮旅”中原突围写华章

皮定均是中国人民解放军的一员虎将，被称为“飞虎将军”。1955年授衔时，毛泽东主席念及他中原突围中的卓越功勋，特批示：“皮有功，少晋中”。

“皮旅”的前身是豫西抗日先遣支队。1944年9月5日，在太行军区第七军分区第三团和第六军分区第三十五团的基础上组建，支队司令员皮定均、政委徐子荣。1945年9月抗战胜利后，与新四军第五师会合，改编为中原军区第一纵队第一旅，下辖3个团，总兵力约7000人。

1946年6月至7月，震惊中外的中原突围战役，揭开解放战争的序幕。“皮旅”在掩护主力向西突围后，突破敌人重重封锁，跨过潢麻公路，强越大牛山，突破青枫岭，抢渡磨子潭，冲过津浦线，以一往无前的革命英雄主义气概，创造了中外战争史上的奇迹，出色地完成了战略转移的任务，谱写了精彩篇章。

1946年6月24日，一旅接受了向东行动、迷惑敌人、掩护主力向西突围的任务。皮定均旅长当夜即布置向东、东南、东北方向移动，摆出决战姿态，以吸引敌兵。国民党急令进攻中原军区主力的七十二军调头东袭、衔尾追击，将四十八军布防于岳西、舒城、潜山，并从阜阳、安庆抽调两个师，到商城、立煌一线堵击，形成一个口袋形，妄图将“皮旅”歼灭在大别山东麓。

“皮旅”健儿不顾艰险、不怕疲劳，英勇机智地与前堵后追之敌周旋。7月1日，“皮旅”攻占鄂豫皖三省的交通咽喉——松子关，10日进抵霍山大化坪，抢夺陡峭险峻的青枫岭，到达磨子潭后，又强渡淠河天险，跳出合围圈。7月13日，“皮旅”分三路纵队并肩前进，五天五夜，马不停蹄，一路向东；15日攻占官亭镇，进抵吴山庙；18日安全通过定远地区，到达国民党重兵据守的最后一道封锁线——津浦铁路附近的池河镇；19日，击溃五路敌军，杀开一条血路，胜利越过津浦路，在三界东北，与赶来迎接的淮南大队会师，胜利进入苏皖解放区。

（1）强越大牛山

7 月 1 日，“皮旅”越过敌人第一道封锁线潢麻公路，顺着大别山脊背飞兵东进。此时，时间就是生命，时间就是胜利。部队在忽晴忽雨的崇山峻岭中急行军。“皮旅”来到河南商城县瓦西坪的小山村，刚要埋锅做饭休息，前方就响起了枪声。原来，反共“老手”顾敬之的商城县保安团，伙同立煌县保安团和国民党七十二军一个团，占据了大牛山东面的两个山头，紧紧挡住“皮旅”前进的道路。政委徐子荣提出“抢过大牛山，向党的生日献礼”。

大牛山，位于商城长竹园与立煌西河之间，南有棋盘石、康王寨，西北为九峰尖，西有黄柏山。战士们说，翻过太行山、伏牛山，都没见过大牛山这样又险又高的大山。

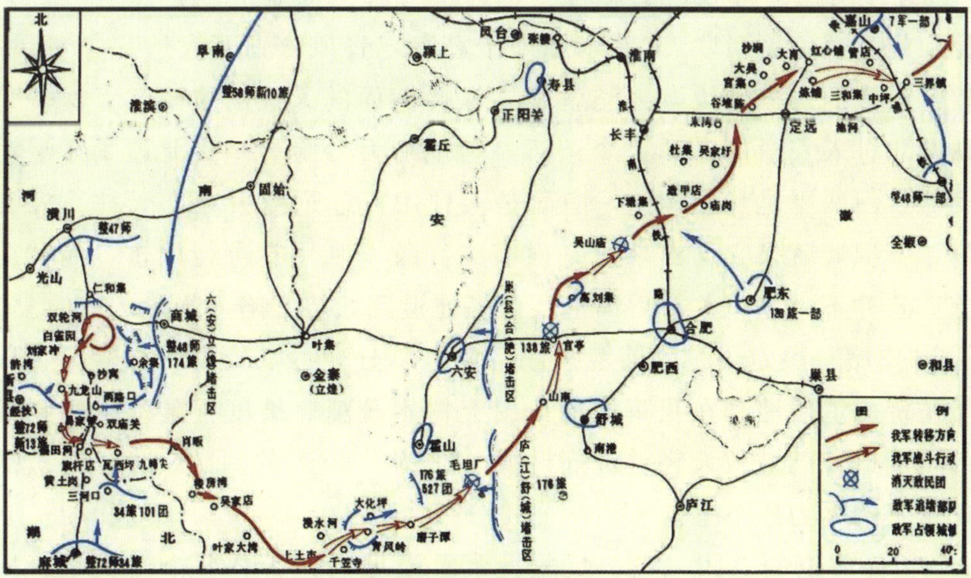

“皮旅”中原突围路线图

“皮旅”决定由一团前卫三营负责主攻右山头，抢占制高点。皮定均下达了战斗命令：“像撕布一样把它撕开，动作要快要猛！”一团曾经被称作“老虎团”，有着猛打猛冲的战斗作风。一团战士们冲进密林、飞上山冈。一霎间，枪炮声、喊杀声如巨雷滚动在山谷里。从组织战斗到攻上山顶，不到两个小时，敌人就被彻底打垮了。

1300多米高的大牛山，从山脚仰望，“皮旅”队伍盘旋而上，宛如一条腾空的巨龙。主峰上，天气骤变，闷雷在头顶滚动，狂风卷来倾盆大雨，打得人睁不开眼睛。“皮旅”的勇士们精神抖擞地向顶峰疾进，他们攀着岩石棱角，步步登高，隐没在白云里。

（2）智取青枫岭

“皮旅”在大别山腹地吴家店休息3天后，7月8日，继续踏上征程，在大雨中沿霍山漫水河向东挺进。漫水河俗称七十二道弯，接连两天，部队成天过河，好不容易翻过高山，谁知低头一看，漫水河又钻出来了。

经过两天异常艰苦的急行军，10日中午“皮旅”到达千笠寺。只见山门上有一副对联：“漫水飘来千笠寺，青风吹去万人愁”。“青风”就是前方的青枫岭，万人愁就是青枫岭南面的天柱山主峰。青枫岭是从湖北进入安徽的最后一个茶店站，地形万分险要。其北麓紧靠淠河支流，河两岸是悬崖峭壁，南面是天柱山，远远望去宛如天柱直插云霄，青枫岭就是它伸出来的一根横梁。敌人利用它进行堵击，而“皮旅”要冲不过这一关，后面追兵又堵住退路，势必陷入绝境。

“皮旅”决定由二团前卫担任主攻，争分夺秒，抢占青枫岭。青枫岭仿佛一道巨墙挡在我军面前，山上树木茂盛、坡度很陡。中间唯一的石板道，已被敌人轻重机枪封锁。“皮旅”发起的两次攻击，都被敌人密集的火力压下来。

担任前卫的二团二营，反复搜索，没见到人影。那个山头是青枫岭的主峰，左面有个山垭口，有石板路通向垭口。敌人占领了垭口和垭口左边较低的山头，正洋洋得意，机枪上满子弹，就准备反击二营正南方的强攻，却没有发现一营的迂回行动。一营一连、二连攀登了两个小时，终于迂回上去了，居高临下，出其不意地向敌人侧背发起

毛泽东批示“皮有功　少晋中”（1955 年）

冲锋，把敌人打乱了。在硝烟滚滚、惊天动地的杀声中，“皮旅”健儿与敌人展开肉搏战，一团也乘势从正面顺石板道直冲山顶。

负责阻击“皮旅”的国民党士兵，两天前受命从霍山出发抢占关口，截击“皮旅”。他们以为“皮旅”还离得远，正不慌不忙地到青枫岭守候，未曾想“皮旅”来得这样快。敌军主力离青枫岭还有一天的路程，就被“皮旅”迎头一击打个稀烂。

（3）血战津浦路

7 月 20 日拂晓，“皮旅”冲过津浦铁路，在嘉山、明光车站以东和截击的桂系军一三八师作战。这一仗规模最大，也最激烈。国民党用装甲火车掩护，不断增援。当“皮旅”一团过铁路时，敌军装甲车从三界车站开来，“皮旅”布置在铁路两侧担任掩护的二、三团部队，以各种火器向敌军装甲车开火。旅工兵排长杨立德，把仅有的几块炸药全部埋在铁轨上，待装甲车进至爆破点后引爆炸药，吓得敌人装甲车急忙后退。但由于炸药太少，铁轨没有炸断，敌人装甲车又朝“皮旅”开来。

皮定均将军铜像：福州市三山人文纪念园内

与此同时，从明光、管店和滁县出动的敌兵分五路，从两翼运动，构成钳形攻势。“皮旅”三团截住滁县之敌，二团截住明光、管店之敌，展开激烈战斗。已经越过铁路的一团战士们，又回过身来配合对敌作战，从两边向装甲车发起攻击。战士们都明白，这是突围的最后一仗，他们把积聚在心头的愤怒和仇恨全部倾泻出来了。

三团的勇士们，冒着敌人装甲火车上炽烈的机枪火力，挺身站在铁路东侧的崖顶上，把一颗颗手榴弹，投到敌人的装甲火车上。正在这时，奉命前来接应“皮旅”的苏皖解放区新四军二师五旅十六团，也以猛烈的火力向敌人装甲车射击。经过三小时激战，装甲车上下一片火海，敌人见势不妙，向明光东边逃窜。“皮旅”胜利越过津浦路，同苏皖解放区部队胜利会师。

1976 年 7 月 7 日，时任福州军区司令员皮定均乘坐直升机视察前沿阵地，在漳浦丹山，直升机不幸与山头相撞，皮定均以身殉职。在其追悼会上，毛泽东主席送出了一生中最后一个悼念花圈。

皮定均将军的一生是革命的一生、忠勇的一生。毛泽东、江泽民、李先念、徐向前等党和国家领导人对他都有很高的评价。毛泽东说他“皮有功、少晋中”。

1993 年，皮定均将军的灵骨安葬于丹山之巅。2004 年，皮定均将军纪念园在漳浦县的天福石雕园落成。2006，皮定均将军铜像在福州市三山人文纪念园将军山落成。在一块高近 3 米、宽 2.5 米、重达20余吨的天然巨石上，镌刻着江泽民主席的题词“一生戎马行，丹心为人民”。题词的上方是皮定均面带微笑的铜像，右侧是徐向前元帅的题词“多谋善断，英勇虎将”，左侧是李先念的题词“智勇兼优，光明磊落”。

（四）“红军陕南王”陈先瑞

1. 陈先瑞将军简历

陈先瑞，1914年出生，金寨县桃岭乡人，1929年8月参加红军，1931年6月加入中国共产党。

土地革命战争时期，陈先瑞历任红四方面军手枪团一分队队长，红二十五军手枪团中队长、第二二四团一营政委、第二二三团政治处主任，参加了鄂豫皖革命根据地历次反“围剿”斗争和红二十五军长征。进抵陕南后，陈先瑞任鄂陕游击师司令员，红七十四师师长，率部打退了敌人三次大规模围攻，胜利地坚守了鄂豫陕边区游击根据地，被毛泽东主席称为“红军陕南王”。

陈先瑞中将（1914—1996）

抗日战争时期，陈先瑞历任八路军第一一五师留守处主任，警备第一旅副旅长兼第二团团长，河南人民抗日军第三支队司令员兼政委，豫中军分区

1950年12月，陈先瑞奉命抗美援朝，在西安与朱德（中）、杨得志（右二）等领导同志合影留念。前排右一为陈先瑞

司令员。

解放战争时期，陈先瑞历任桐柏军区副司令员兼独立第三旅旅长，中原军区第二纵队第十五旅政委，豫鄂陕军区副司令员兼参谋长，豫鄂陕军区第二野战纵队司令员，西北民主联军第三十八军副军长，豫西军区副司令员，陕南军区副司令员兼第十九军副军长。参加了中原突围和重建陕南革命根据地斗争。

中华人民共和国成立后，陈先瑞历任陕西军区副司令员兼参谋长，第十九兵团政治部主任，参加了抗美援朝战争，任志愿军第十九兵团副政委，先后协助司令员杨得志、韩先楚组织指挥了第五次战役、开城保卫战及金城反击战，荣获朝鲜民主主义人民共和国一级国旗勋章。回国后，任北京军区副政委、政委，成都军区政委，兰州军区顾问，第三届、第四届全国政协常委，中共第九届、第十届中央委员，第十一届候补中央委员，中央军委委员。

1955年，陈先瑞被授予中将军衔，荣获一级八一勋章、一级独立自由勋章、一级解放勋章，1988年荣获一级红星功勋荣誉章，1996年1月10日在北京逝世。

2. 陈先瑞将军的传奇故事

（1）乔装掩护，一班出现三将军

陈先瑞当年所在的班队在1955年授衔时，竟然出了三位赫赫有名的将军——陈先瑞、韩先楚、刘震，被称为“将军班”。三位将军在革命战争时期，因战火硝烟凝聚在一起，在枪林弹雨中杀出了一个战斗班。

这个班的班长陈先瑞那时才18岁。陈先瑞当时能够当班长，并跟刘震、韩先楚走到一起，还有一段波折。这个放牛娃出身的红军将领，在部队向豫陕边境紧急转移时，突然病倒，部队只好将其留下。在不知部队去向的情况下，陈先瑞乔装打扮、一路讨饭，终于找到了鄂东北游击总司令部，郑位三将其分配到特务四大队，并指定他为班长。

1933年10月，鄂豫皖苏区斗争形势极为严峻，红二十五军也遭受很大挫折。省委决定派成仿吾到上海找党中央汇报工作，但护送工作屡遭失败，最后决定由特务四大队完成这项任务。该大队不过一个连，队员都很年轻，均为精心挑选的战斗骨干，武器装备较好。他们冒着生命危险、活动在敌占区，主要是打土豪、抓团总，为红军筹集经费、医药、物资，刺探敌情，偷袭敌军，截击敌人的运输队，并负责接送来往于鄂豫皖苏区的地下交通员。

班长陈先瑞再三考虑，决定在敌人眼皮底下，演一出有声有色的好戏！于是他们为成仿吾精心改装：戴上礼帽、换上大褂、穿上新鞋，把这位苏区文化委员会主席打扮成“大学教授”，让刘震充当“书童”，韩先楚充当“家丁”，跟随在“教书先生”身边，以应付军警盘查并负责“保驾”。陈先瑞则与另外三个身材高大的战士扮作“轿夫”，一路上轮流抬轿。该班其他战士或单独行动，或两人一组，紧紧尾随于后，并保持一定距离，以便危急时互相掩护。

刚进入车站，刘震、韩先楚就大声吆喝起来：“闪开，闪开！我们先生的轿子来了!”这一出“戏”，演得热闹而有气魄。担任盘查任务的军警，被这来头镇住，不敢上前拦截盘问，只是撩起轿帘看一眼就放行了，成仿吾终于登上了开往武汉的列车，并辗转到达上海。

（2）进击陕南，重建红七十四师

陈先瑞是一位传奇人物，曾先后“四进四出”陕南战场，足迹遍布陕南全境。

1934年11月，陈先瑞随红二十五军长征，12月8日第一次进入陕南地区，经豫陕边界的铁锁关，抵达洛南县的三要司，随后深入商洛腹地。当时，陈先瑞任二二三团政治处主任，并兼任第三营政治委员。12月下旬，陈先瑞带领该团三营七连的六七十人，在鄂陕边界的郧西、山阳、镇安、洵阳（1964年改为旬阳）等地，宣传发动群众，开展“抗捐、抗债、抗粮、抗夫、抗丁”的“五抗”斗争，创建新根据地。第七连对外改称“鄂陕游击师”，陈先瑞任游击师师长。

鄂豫陕边区有很多枪会组织，除少数被地主豪绅控制、欺压民众外，多数是自卫性民众团体，陈先瑞希望将其逐步改造成革命军队。一天，一排长刘长有到群众家做宣传，被当地以“抗租抗税抗捐”为宗旨的大刀会扣留，会首袁大先说红军烧了他家房子，抢走了他的女儿，任凭怎么解释，也不放人。后经调查得知，原来是镇安县保安团趁袁大先外出时冒充红军干的。陈先瑞带领全连战士化装进城，直奔县保安团驻地，敌人被消灭过半，余部投降，救出了袁大先的女儿和30多名“抗捐犯”。

红军的行动深深感动了袁大先。最终大刀会100多人接受红军改编，建立了“陕南抗捐大队”，并在茅坪镇建立农民协会。接着，以茅坪为中心，在周围7个乡镇建立了农民协会和苏维埃政府。

1935年2月，红二十五军在四县边区，建立中共鄂陕特委和鄂陕游击总司令部，陈先瑞为游击司令，他率领各游击师活动于鄂豫陕边区，组建了 7 个区、47 个乡、104 个村的苏维埃政权，面积达 3600 多平方公里，形成了较为巩固的鄂豫陕革命根据地。

1935 年 7 月，红二十五军主力开始长征后，国民党军以 30 多个团的兵力，对鄂豫陕革命根据地实行划区“清剿”，斗争形势极为严峻。留在根据地的鄂陕、豫陕两个特委领导，从报纸上获悉红二十五军已转战到陇南、陇东，便于 1935 年 9 月 9 日在商南县梁家坟举行联席会议，一致同意将两特委合并组成中共鄂豫陕特委（又称陕南特委），统一领导和坚持斗争。郑位三任特委书记，陈先瑞等为委员。同时将鄂陕游击总司令部战斗营，与豫陕游击师的四个游击大队，共同组成红军第七十四师，陈先瑞任师长，方升普为副师长兼参谋长，全师共 700 余人，独立坚持鄂豫陕边区的游击战争，并积极巩固和扩展根据地。

（3）力破围攻，策应中央闹华山

地处巴蜀故郡与商山西隅交界处的青铜关，北通汉中，南达湖北、四川，地势险要，易守难攻，自古就是兵家必争之地。

“围剿”镇柞苏区的国民党第四十军，发现陈先瑞的红七十四师枪械齐整，在郧西、宁陕、镇安、洵阳等县非常活跃，即令其二三〇团一营前往青铜关截击，令二三二团三营尾追。

1935 年 12 月 6 日，红七十四师行进到青铜关以东的月西沟时，陈先瑞与鄂豫陕特委领导分析地理形势，决定趁追兵尚远，守军不知红军到来之际，利用月西沟的有利地形，打一场伏击战。

在冬季的月夜，红七十四师一部隐藏在李家山、万家山，主力埋伏在月西沟，布成一个“口袋阵”。手枪团的两个班迅速勇猛地直插青铜关，主动诱敌出关。敌军误以为是游击队，敌营长带两个连士兵沿月西沟扑向“口袋阵”。此时，早已候敌在此的陈先瑞指挥各营猛烈进攻，激战两小时，毙伤敌营长以下官兵 100 多人，缴获长短枪 70 多支、轻机枪 5 挺。敌人无奈地哀叹：红军东西无方，去来无定，令人防不胜防。

12 月 26 日，红七十四师一举攻占宁陕县城，歼敌保安团 300 余人，接着又攻占佛坪县城，进而在宁陕、佛坪之间创建新的根据地，成立中共宁佛工委，建立区乡基层政权和地方武装。

陈先瑞（左一）与徐向前、韩先楚、刘华清的合影（1982 年）

从 1935 年 7 月至 1936 年 12 月，陈先瑞率领红七十四师转战于鄂豫陕三省边界地区，经历大小战斗上百次，歼敌 4000 余人，牵制敌人十几个团的兵力，队伍由几百人发展到 1700 余人，并打退敌人 3 次大规模围攻，巩固和发展根据地。

中央红军在渡黄河东征后，又回师挺进宁夏、甘肃，接应红二、红四方面军，1936 年 10 月，三大主力红军在甘肃胜利会师。鄂豫陕根据地军民以灵活机动的优势主动配合主力红军。《中国工农红军第二十五军战史》评价道："配合了陕甘革命根据地的斗争和主力红军的长征，为中国革命事业作出了积极贡献。"

华山为"奇险天下第一山"，拥华山而制关中。1936 年 11 月，红七十四师在华山脚下转了三个大圈，派手枪团 1 个分队、步兵 1 个排共计 50 多名战士登上华山，张贴标语，大造声势，搅得国民党军四处告急。后来毛泽东同郑位三、陈先瑞谈到大闹华山时，赞扬说：“主力红军在西边行动，你们在东边闹华山，配合得好啊！你们保存了 2000 多人的力量，这是一个了不起的胜利。”

西安事变后，红七十四师改编为南路抗日军，陈先瑞任军长。1937 年 1 月，红十五军团与红七十四师会师于商县。根据国共双方谈判协议，陈先瑞部继续留驻陕南，以防内战再起时能够同陕北红军相呼应。1937 年 8 月 5 日，鄂豫陕特委与红七十四师奉中央军委电令北上，全师 2100 余人整编为八路军一一五师留守处，担负保卫陕甘宁边区、保卫党中央的任务。

1937 年 10 月，毛泽东在接见陈先瑞时，给予了高度评价：“你叫陈先瑞，国民党的报纸把你的名字写成了‘陈光瑞’，不管是‘先’还是‘光’，反正你在国民党那里挂了号的。人家动用了几万军队围攻你们，就是没搞倒你们，这说明国民党不行。你的名字，我早就从报纸上知道了。人家还要活捉你，赏 1 万元大洋！”

1942 年 10 月，陈先瑞的警备第四团入编警备第一旅二团后，毛泽东再次接见陈先瑞，详细了解部队的战斗历程和干部情况。

1944 年 10 月，毛泽东又接见了陈先瑞，并指示：中央决定尽快在豫西开辟抗日根据地，把警备一旅二团这个红军老队伍放出去，“要老虎出山显显威风”。

四、受到毛泽东、周恩来、邓小平等接见或称赞的金寨籍开国将军（少将）

（一）宋承志

宋承志，金寨县古碑镇人，1931 年参加红军，同年入团，1933 年加入中国共产党，历任红四方面军第三十军军部通讯队排长，连政治指导员，军部通讯营政治委员，第八十九师二六七团营长、营政治委员、团政治委员；八路军总部炮兵团教导营营长，延安军事

宋承志少将（1917—2010）

学院炮兵大队副大队长，延安炮兵学校训练部副部长兼大队长；东北民主联军炮兵第三团团长，东北野战军炮兵第二师副师长；第四野战军炮兵第二师师长，中国人民志愿军炮兵第二师师长，东北军区炮兵副司令兼第五炮兵学校校长，沈阳军区炮兵司令员，军委炮兵司令部参谋长、副司令员、司令员，中央军委委员。1955年，他被授予少将军衔，荣获二级八一勋章、二级独立自由勋章、一级解放勋章。1988年获一级红星功勋荣誉章。

从14岁到16岁期间，“红小鬼”宋承志分别于1931年10月在河南固始草庙集、1932年3月在六安韩摆渡以南、1933年9月在四川达县县城，神奇地接连俘获三个敌军团长，成为他一生中常常谈及的趣事、怪事和奇事。

1936年10月，宋承志随红军西路军西征，时任红三十军二六七团二营营长、团政委。在同西北“马家军”作战中，宋承志负伤躲进山洞里，幸亏李先念率领的左支队发现了他，带他去了新疆。1937年4月，他们到达了星星峡，这时全支队只剩下400余人。党中央派陈云来迎接他们，当时陈云对他们说：“我们现在的几百人，将来可以扩充到几千人、几万人……你们是革命的宝贵财富，是多少黄金也买不到的!”随后，这些西路军幸存的官兵们在新疆迪化（今乌鲁木齐）组建了“新兵营”，利用苏联提供的援助，学习坦克、炮兵、航空等现代军事技术。宋承志任炮兵大队副大队长，后来又担任了大队长，从此他将一生的精力献给了人民炮兵的建设与发展。

1943 年 10 月，炮兵团驻扎南泥湾，边训练，边参加大生产。26 日，毛泽东、刘少奇、周恩来、任弼时等赴南泥湾视察，时任炮兵团教导营营长宋承志负责安全工作。毛泽东叮嘱宋承志既要提高炮兵本领，又要学会生产本领。

1943 年，宋承志（左一）陪同毛泽东主席检阅炮兵部队

1949 年 1 月 14 日，在平津战役的天津城攻坚战中，宋承志指挥所属炮兵第二师第四、五、六团，对预定目标进行密集的准确射击，共发射炮弹 2991 发，国民党吹嘘“固若金汤”的天津城防工事被彻底击溃。战役结束后，为感谢炮兵的支援，担任主攻的步兵第四师第十团送给炮兵第二师五团一面“开路先锋”的锦旗。

1949 年 2 月 3 日，宋承志率第二师重炮团到达南苑机场，参加盛大的北平（北京）入城仪式。10 月 1 日，炮兵第二师第三十团（原第六团）等部队，代表全军炮兵部队，参加了开国大典的阅兵式，接受毛泽东等党和国家领导人检阅。

1977 年，宋承志出任炮兵司令员，一直到 1982 年中国人民解放军炮兵司令部撤销。

（二）方子翼

方子翼，金寨县果子园乡佛堂坳人。1930 年参加红军，1930 年入团，1932 年转入中国共产党。

方子翼少将（1917—2015）

方子翼历任红四军三十团政治处组织干事，第三十军八十八师二六四团政治处青年干事、师部书记，第八十九师政治部青年股长，第三十军政治部青年科科长，八路军总部航空队队长，东北民主联军航空学校飞行训练科长，飞行大队政委，空军第五航空学校校长，空军第四混成旅第十一歼击团团长、第三歼击旅旅长，志愿军空军第四歼击师师长，空军第二军副军长、军长，北京军区空军副司令员，广州军区空军副司令员，空军指挥学院顾问。

方子翼创建的空军第四师，是空军最先成立和第一支参加抗美援朝的空军部队，同美国空军进行艰苦卓绝的作战，开创了年轻的中国空军对阵老牌美国空军首战胜利的新纪元。该师共出动战机 400 余架次，作战 500 多次，共击落敌机 64 架，击伤 24 架。1951 年 10 月 2 日，毛主席在看了空四师战报后，欣然命笔嘉勉："空四师奋勇作战，甚好甚慰！"

1952年2月10日，方子翼跟踪指挥空四师十二团三大队飞行大队长张积慧，击毙美国空军少校中队长、号称“空中一霸”的“王牌飞行员”乔治·A·戴维斯，打出了新中国空军的威风。空四师参加抗美援朝作战后，经过部队军政素质全面考评，获得了“中国人民解放军空军第一师”番号的殊荣，为抗美援朝战争的胜利立下了不朽战功。

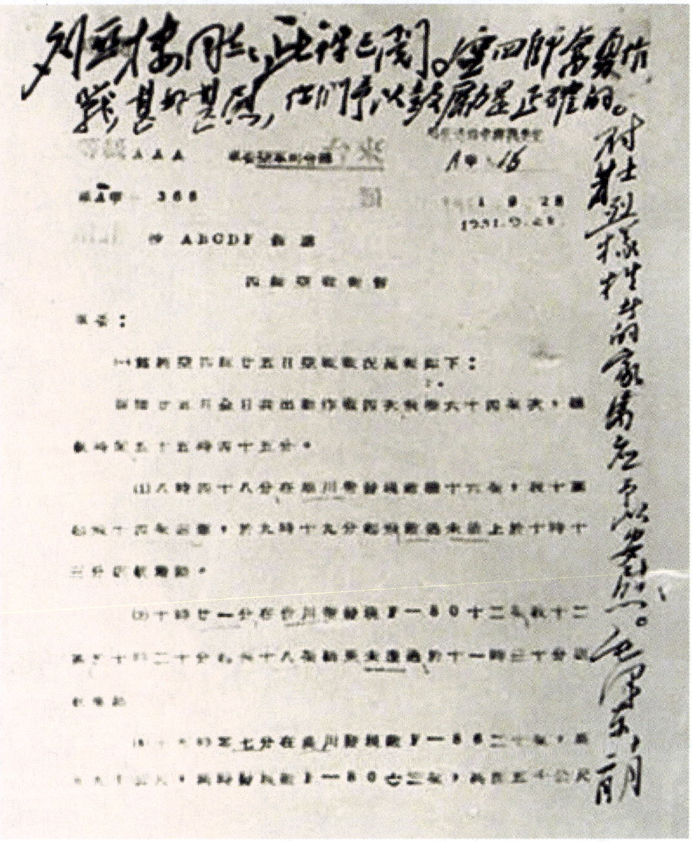

毛泽东批示“空四师奋勇作战，甚好甚慰”

1978年2月，方子翼任广州军区空军副司令员，分管作战。在1979年的对越自卫反击战中，他组织指挥广州军区空军，在28天中，共出动飞机2000多批、5000多架次，掌握整个战场的制空权，出色地完成了战役航空兵的保障任务。

1955年，方子翼被授予少将军衔，并荣获二级八一勋章、二级独立自由勋章、一级解放勋章。1988年获一级红星功勋荣誉章。

（三）陈宏

陈宏，金寨县槐树湾乡人。1931年参加红军，同年入团，1934年转入中国共产党。历任红四方面军第三十军政治部宣传队队长、青年科科长；八路军山东纵队第四支队一团政委、特务团政委、三团政委，鲁中军区第十一团团长兼政委；山东军区警备第二旅副旅长，鲁中军区第九师副师长兼参谋长、师长，华东野战军第八纵队二十三师师长、纵队参谋长，第三野战军第八兵团二十六军参谋长，渤海军区政治委员，第二十八军军长，第二十六军军长，济南军区参谋长、副司令员，解放军装甲兵司令员，成都军区第一副司令员，南京军区副司令员，兰州军区副司令员。1955年被授予少将军衔，荣获二级八一勋章、二级独立自由勋章、一级解放勋章。1988年获一级红星功勋荣誉章。

陈宏少将（1915—2004）

在革命战争年代与和平建设时期，陈宏多次受到毛泽东的接见，多次向毛泽东汇报工作，当面聆听毛主席的教诲。其中1937—1938年在“抗大”学习期间，他就先后受到毛泽东单独与集体谈话三次。毛泽东说：“听说你多次被马家军抓了去，死里逃生到了延安，真不简单啊，你要珍惜这个大好时光好好学习。”

1958年夏，陈宏将军在任二十六军军长时，受到在济南视察工作的毛泽东的接见。毛泽东鼓励他要带好兵，练好兵，当一位人民解放军的优秀指挥员。

1964 年 6 月 15 日，在大练兵运动中，二十六军选出 16 个班和 4 名个人，作为济南军区代表，进京汇报表演。该军七十六师二二六团二营“红四连”连长宋世哲步枪射击，40 发子弹 40 秒把 40 个钢板胸靶全部打倒。其精湛的技能受到毛泽东等党和国家领导人的称赞。毛泽东说：“这才是真正的尖子，二十六军陈宏带出的这些尖子才叫真尖子。”毛泽东主席举起“神枪手”宋世哲五六式半自动步枪，俯身眯眼瞄向前方，留下他一生中唯一一张举枪照片。这支步枪自此后一直保存在中国人民革命军事博物馆中。

1971 年 11 月，毛泽东主席再次接见陈宏将军，任命他为成都军区第一副司令员。

1958 年，毛泽东接见陈宏将军（左一）

（四）张贻祥

张贻祥，金寨县南溪镇人，1928 年入团，1929 年参加立夏节起义，同年参加红军，1930 年加入中国共产党。历任红四方面军第七十三师二一八团特务连副连长，第三十一军九十一师二七一团二营政治

张贻祥少将（1909—1999）

委员、团政治处主任，第九十三师二七九团参谋长，军教导队政治委员，援西军特务团政治处主任；太行军区第一军分区冀西分区支队政治委员，太行军区独立支队政治部主任，八路军第一二九师司令部参谋处政治协理员，十八集团军军工部部长，华北军区企业部兵工厂政治委员；华北军区军械部副部长、政治委员，军委军械试验靶场场长，第二十训练基地（西北导弹综合试验基地）副司令员、司令员。1955年，张贻祥被授予少将军衔，荣获二级八一勋章、二级独立自由勋章、一级解放勋章。1988年获一级红星功勋荣誉章。

20世纪50年代中期，张贻祥作为我国兵器试验的开拓者和奠基人，为我国常规兵器事业发展做出了突出贡献。

1966年，周恩来接见张贻祥将军

从1957年奉命到西北边疆，参加我国导弹等国防尖端武器试验基地建设，直到1979年离开大漠，张贻祥将军在祖国的西北戈壁荒滩上，奋斗了整整22个春秋。先后参与领导和组织实施我国第一枚自行研制的运载火箭、第一枚导弹武器和第一颗人造地球卫星——东方红的发射试验任务，成为导弹武器和卫星发射试验的开拓者和奠基人之一。

1966年6月30日，周总理在访问罗马尼亚、阿尔巴尼亚两国回京途中，乘专机到达甘肃省第14号机场，对西北综合导弹试验基地进行工作视察。周总理听取基地政委栗在山、副司令员张贻祥等人的汇报时，鼓励他们为我国极端武器基地建设多做贡献。

1999年，张贻祥将军逝世后，骨灰的主要部分安葬在第20训练基地烈士陵园，少部分安放在金寨县革命烈士陵园，既实现了当年他“干在戈壁滩，埋在青山头”的豪迈誓言，也了却老将军叶落归根、守望故土的平素心愿。

（五）肖全夫

肖全夫少将（1916—2005）

肖全夫，金寨县南溪镇人，1916年出生，1929年入团，1930年参加红军，1933年转入中国共产党。历任红四方面军总部手枪队排长、营通讯参谋，中央军委二局科员；抗日军政大学七大队八队政治指导员，第二分校第二大队大队长，晋察冀军区四区队副区队长、区队长，冀热辽军区第十七军分区参谋长；冀东军区第十三旅旅长，冀热辽军区独立第十一旅旅长，东北民主联军第九纵队二十六师师长，第四野战军第四十六军一三七师师长，副军长兼参谋长，志愿军第四十六军军长，沈阳军区副参谋长、副司令员兼参谋长，乌鲁木齐军区司令员。

1953 年 7 月 28 日，肖全夫作为板门店前线部队的代表，参加了在开城举行的《朝鲜停战协定》签字仪式。

1955 年，肖全夫被授予少将军衔，荣获二级八一勋章、二级独立自由勋章、一级解放勋章。1988 年获一级红星功勋荣誉章。

1969 年 2 月，在中苏边界形势日趋紧张的情况下，时任沈阳军区副司令员兼参谋长肖全夫受军区党委之托，整理了一份苏军对我国进行武装挑衅情况的材料，上呈中央军委，并直接赴京向中央请缨。中央军委同意对苏方的武装挑衅，坚决予以反击。

1978 年，邓小平接见肖全夫将军（左一）

3月2日，苏军悍然开枪袭击我珍宝岛边防站的巡逻队，我边防部队奋起还击，双方发生激烈的武装冲突。沈阳军区决定在冲突前沿设立“虎（林）饶（河）前线指挥所”，离珍宝岛不足10公里，由副司令员肖全夫统一指挥，当周恩来总理得知前线指挥员是肖全夫时，笑着说：“这次苏军可是遇到对手了。这个肖全夫曾是南京军事学院的高材生，那里的教官都是苏联人，对苏军的那一套，他肖全夫是了如指掌呵！而且，青出于蓝而胜于蓝嘛！”周恩来亲自给肖全夫打电话，指出：珍宝岛虽小，但举世瞩目，我们面对的情况很复杂，所以，头脑必须冷静，反击一定要有理有节，以把握主动权。战役结束以后，周恩来听到战果汇报后，连声赞扬：“这个肖全夫打得不错嘛！”

后来，肖全夫将军接到中央军委的指示，命令把击毁在中国内河的那辆苏制坦克拖回来，并强调是政治任务。该坦克后来一直陈列在中国人民革命军事博物馆。

珍宝岛之战，肖全夫出色地完成了中央交给的作战任务，捍卫了祖国的尊严。肖全夫将军在此战役中展现出高超的军事指挥才华，达到了个人戎马生涯的光辉巅峰。

刘邓大军千里挺进大别山浮雕（金寨县红军广场）

1978年9月，邓小平在辽宁视察工作期间，接见了沈阳军区副司令员肖全夫等领导同志；1981年8月，中央军委主席邓小平在新疆考察时，在王震、王任重等中央领导同志陪同下，再次接见了乌鲁木齐军区司令员肖全夫等负责同志。

（六）詹大南

詹大南，1914年3月出生于安徽省金寨县槐树湾乡一个贫苦农民家庭。1932年5月加入中国共产主义青年团，1936年1月加入中国共产党。

詹大南少将（1915—2020）

土地革命战争时期，詹大南历任中国工农红军战士、班长、通讯员、警卫员、军团保卫局科员，军直属队特派员、团特派员等职。参加了鄂豫皖革命根据地第二次至第五次反“围剿”斗争，1934年11月随红军第二十五军长征，参加了劳山、榆林桥、直罗镇等战斗。

抗日战争时期，詹大南历任八路军团政治处组织干事、纵队独立营政治教导员、晋察冀军区冀热察挺进军教导大队副政治委员、政治委员、团长，晋察冀军区第十二军分区副参谋长、参谋长、司令员等职，参加了百团大战以及多次反“扫荡”等战斗。

解放战争时期，詹大南历任晋察冀军区冀察纵队第九旅旅长，冀热辽军区独立第二师师长，华北军区第二〇九师师长等职，参加了辽沈、平津、张家口等战役战斗。新中国成立时他作为华北军区代表参加了开国大典观礼。

新中国成立后，詹大南历任第二十七军副军长、第二十八军军长，兰州军区副司令员兼甘肃省军区司令员，南京军区副司令员等职。朝鲜战争爆发后，他担任中国人民志愿军第二十七军副军长，率部出国作战，参加了第二次和第五次战役。

1955 年 9 月他被授予少将军衔，曾荣获二级八一勋章、二级独立勋章、一级解放勋章、一级红星功勋荣誉章，朝鲜二级国旗勋章两枚、二级自由独立勋章一枚。

1935 年，红二十五军部分官兵合影，后排中为詹大南

把日军运输队全部“包了饺子”。1940 年春天，詹大南率领的挺进军九团二营在深夜急行军回营的路上，听到侦察员报告，附近发现了鬼子，詹大南来不及报告，立即召集四个连长开会，占领有利地形打伏击。日军运输队的鬼子们猝不及防，纷纷命丧黄泉。这一仗，不仅消灭了日军 40 多人，还缴获了许多牲口和鱼子酱、牛肉罐头等军需用品 200 余驮。战后得知，这支运输队正是给扫荡我根据地的日军运送

给养的。

第二场胜仗。1940年秋，詹大南接到报告，说有支日军在附近准备扫荡，吃完午饭就行动。由于主力部队和领导都在外围，一时无法联系上。詹大南再次“自作主张”排兵布阵，指挥四个连长让部队埋伏在上下河之间的土墙下。敌人有4个小队，140多人。战斗打响后，枪弹像雨点般飞向敌人，手榴弹齐飞，把鬼子炸得尸体横飞。不到4分钟时间就夺下了日军3挺重机枪，消灭日军近140人，仅有三个负伤的日军装死，天里穿个裤衩逃跑了。两天后当地老百姓编个顺口溜：“八路军真厉害，打死的鬼子堆成山，逃回了三个光屁股”。

平津战役毛主席排兵布阵，七封电报九次点名授予任务。解放后，时任共和国第一任水利部部长的原国民党高级将领傅作义说：“詹大南很会打仗，我要见见他，看看是何许人。”而毛泽东主席见到詹大南时，风趣地说：“你就是詹大南！在张家口。”原来是1948年11月，平津战役打响后，切断平张线对于整个战局至关重要。毛主席亲自排兵布阵，在7封电报中、9次直接点了詹大南的名并直接授予其战斗任务。

詹大南此时的身份是冀热察军区司令员。他带领所属部队在土木堡地区进行连续七昼夜阻击战，切断了平张线。平张线是华北敌人的重要交通命脉，也是傅作义主力集中的主要地域。切断它，傅作义的主力即被分割，难以东西策应，便于我军各个歼灭。这场阻击战让傅作义深深地记住了詹大南。

歼灭美军王牌“北极熊团”。朝鲜战争爆发后，詹大南入朝参战，任志愿军第二十七军副军长。指挥第八十师包围、歼灭新兴里守敌的激烈战斗。

在新兴里据守的是美军第七师三十一团，成立于1916年，是美国陆军最精锐部队之一。因为在第一次世界大战中表现出色，时任美国总统的威尔逊为了表彰该团的战功，授予该团“北极熊团”称号。自称为“45 年从未打过败仗的劲旅”，是美军第七师手中最有力的一张王牌。为了加强该团的防御力量，美第七师又将师属炮兵营和坦克分队加强给了北极熊团。

面对敌人用坦克和装甲车摆成的环形防御圈，加之敌机在上空巡航，志愿军数次冲击都没有打开突破口。詹大南召开第八十师团、营长会议，研究决定实施重点突破，即把四个团的炮火集中起来，投向敌军一处，然后冲进去和敌人拼刺刀。11 月 30 日夜，詹大南指挥第八十师向北极熊展开第三次攻击。12 月 1 日拂晓，把北极熊团防御圈撕开了一个大口子，战士们喊叫着冲进去和敌人展开了肉搏。北极熊团丢下了所有重炮，在 40 余架飞机掩护下，以 10 余辆坦克开路，开始大溃逃。至 12 月 2 日 4 时许，北极熊团被志愿军全歼，军旗也被我军缴获，现收藏在中国人民革命军事博物馆，创造了我军以劣势装备全歼美军一个王牌加强团的辉煌战例。

北极熊团的团旗

捐资助学立新功。特别令人难忘、受人称赞的是詹大南将军始终保持艰苦奋斗的优良传统，一直过着艰苦朴素的生活。很多人都说，詹大南将军的家，屋内的陈设十分简单、非常俭朴，几乎到了令人难以相信的地步。

詹大南将军捐建的杨桥希望小学

1996 年詹大南将军回到久别的老家看看。他看到家乡仍然很贫困，一些孩子因家里贫困不能上学，心中很不是滋味。

回到南京，他便向老伴提出全家人一起为金寨县捐款 10 万元、建一所希望小学。老伴对他的想法很赞同，子女们也都表示支持。

但这 10 万元，对于一个靠拿工资生活的家庭来说，谈何容易！詹大南将军的老伴患有帕金森病，生活不能自理，常年雇请一位保姆；大儿子在一所地方院校工作，孩子也成年了，三口人仍然挤在一套小房子里，正在想办法筹款参加集资建房。其他子女们也都是工薪阶层，家里的孩子有的正值读书年龄，经济上也不宽裕。但是，他们认为爸爸妈妈为了人民奋斗一辈子，现在晚年了，提出这个想法，再困难也要帮助他们实现心愿，为人民再作点贡献。

老将军夫妇拿出几十年积攒的 42000 元，子女们你一万他五千捐了 56000 元，他的侄女一家也捐了 2000 元，总算凑齐了 10 万元。

1997 年希望小学建成时，金寨县委、县政府拟将这所希望小学命名为“詹大南小学”，老将军坚决不同意。县里又拟将校名改为“将军小学”，詹大南还是不同意。他说：“不行！不行！共产党人就是为人民做事的，不图名不图利，希望小学就是希望小学，要把希望寄托在下一代。”老将军亲自为该校题写了校名——金寨县杨桥希望小学。

第五篇 革命英烈垂千古

一、中国革命文学先驱者蒋光慈

蒋光慈（1901—1931）

蒋光慈，金寨县白塔畈人，1901年出生，9岁开始在父亲任教的塾馆里读书。他天资过人，未及三年，便读完四书五经，诗文写得很好。蒋光慈少年时极具叛逆精神，对《水浒传》中行侠仗义的人物十分敬佩，曾改名“蒋侠僧”，幻想成为超世脱俗的武侠“鲁智深”，劫富济贫，替天行道。

蒋光慈14岁时到固始县陈淋子镇志成小学读书，接受新学教育。他十分憎恨一些富家子弟坐轿子上学的阔少爷行为。一次在周会上，他痛斥一些坐轿子上学的富家子弟：“坐在轿上就是‘乐人肩上’的寄生虫，而轿夫则是‘苦人脚下’的苦力。”他鼓动同学们，再看到有坐轿子来上学的，就把轿子砸掉。就在这时，校门口出

蒋光慈故里（金寨白塔畈镇光慈村）

现了轿子，原来是固始县李家寨寨主李萌堂父子俩来了。蒋光慈便联合几个同学涌出校门，把轿子砸个稀巴烂，并当众批评李家父子坐轿是“乐人肩上”的行为。一向器重蒋光慈的该校教师詹谷堂担心惹出事来，出面致歉。李萌堂未便发作。蒋光慈深受感动，称詹谷堂为恩师。

蒋光慈带头砸轿子之事，詹谷堂非但没有责难，反而在一次师生联谊会上，赞扬这种行为是仗义之举。此后，再也没有富家子弟坐轿子来上学了。

1915 年，蒋光慈从志成小学毕业，先进固始县立中学，1917 年进入芜湖安徽省立第五中学就读。

五四运动爆发后，蒋光慈被选为该校学生会副会长，成为五四运动的先锋战士。1920 年秋，经高语罕推荐，进入上海新渔阳里 6 号外国语学社学习，并于 1920 年冬加入社会主义青年团。1921 年夏，他与刘少奇、任弼时等到莫斯科东方劳动者共产主义大学读书，1922 年由青年团员转为中共党员，署名蒋光赤，以示倾向革命。这期间，他翻译和著述了大量的进步文学作品。他决心用手中的笔来“狂歌革命”。

蒋光慈在莫斯科的3年间，创作出41首新诗。这些诗篇后来都收录到他的第一部诗集《新梦》中，曾被恽代英主编的《中国青年》称誉为“现代中国文学界的一个响雷，一盏明灯。”

1924年夏，蒋光慈返回家乡的第一个周末，便到志成小学，和恩师詹谷堂彻夜长谈，介绍其加入中国共产党。

1924年秋，蒋光慈在上海大学社会学系任教，兼授俄语，参加组织上海的工人运动，在紧张的革命活动中，积极进行革命文学创作。在回国两三年内，他先后发表了《无产阶级革命与文化》《现代中国的文学界》《现代中国社会与革命文学》等论文，出版了中篇小说《少年漂泊者》、诗集《哀中国》、通讯集《纪念碑》等作品，其中《少年漂泊者》在面世七年内，再版15次，在当时的革命青年中引起了巨大反响。老一辈革命家胡耀邦、习仲勋、陶铸的传记中，都有读《少年漂泊者》后增强革命意志的记述。1927年4月3日，蒋光慈创作了反映上海工人武装起义的中篇小说《短裤党》。

蒋光慈的成名作《少年漂泊者》感动过无数读者，老一代无产阶级革命家胡耀邦、习仲勋、陶铸等都曾回忆说，他们是读了《少年漂泊者》才投身革命的。

胡耀邦在学生时代，读了蒋光慈写的《少年漂泊者》，便想“书里的人晓得漂泊，我为什么不可以革命啦！”于是，胡耀邦便毅然离家，走上了革命的道路。

——摘自《胡耀邦传》（中共党史出版社）

习仲勋曾多次对自己的孩子说过，当时认识到社会这么黑暗，旧的剥削制度要推翻，主要就是受《少年漂泊者》影响极深。

——摘自《习仲勋传》（中央文献出版社）

《少年漂泊者》出版后在全国引起非同一般的反响，许多读者给蒋光慈写信，称该作品为指路明灯，给在黑暗中摸索的青年指明了方向。陶铸说：“我就是怀揣着《少年漂泊者》去参加革命队伍的。”

——摘自《陶铸传》（中共党史出版社）

《少年漂泊者》对一代革命青年产生深远影响

“四·一二”反革命政变后，国民党反动派对革命知识分子进行疯狂迫害，一大批革命文学先锋战士被捕、牺牲。蒋光慈毫不畏惧，仍坚持革命文学创作，出版了长诗《哭诉》、中篇小说《野祭》《菊芬》《最后的微笑》《丽莎的哀怨》及长篇小说《冲出云围的月亮》《咆哮了的土地》等多部革命文学作品。

《咆哮了的土地》以故乡大别山为背景，再现全国各地土地革命战争风云，填补了中国现代文学史上的一页空白。蒋光慈曾经说自己是一个作家，就要拿笔杆子和敌人作斗争。

1928 年 1 月，经中共中央批准，蒋光慈在上海闸北组建了全部由中共党员组成的文学团体“太阳社”，出版了《太阳月刊》杂志，极力倡导革命文学。1930 年，中国左翼作家联盟在上海成立。蒋光慈为常务候补委员，并主编“左联”机关刊物《拓荒者》。

《蒋光慈全集》（2017 年合肥工业大学出版社出版）

1931 年 8 月 31 日，蒋光慈不幸病重不治，与世长辞，葬于沙湾上海公墓，化名为蒋资川。1953 年 5 月 23 日，蒋光慈遗骸迁至虹桥公墓安葬，夏衍主祭，陈毅市长为墓碑题字：“作家蒋光慈之墓”。

1957 年 4 月 17 日，安徽省六安县人民委员会追认蒋光慈为革命烈士。

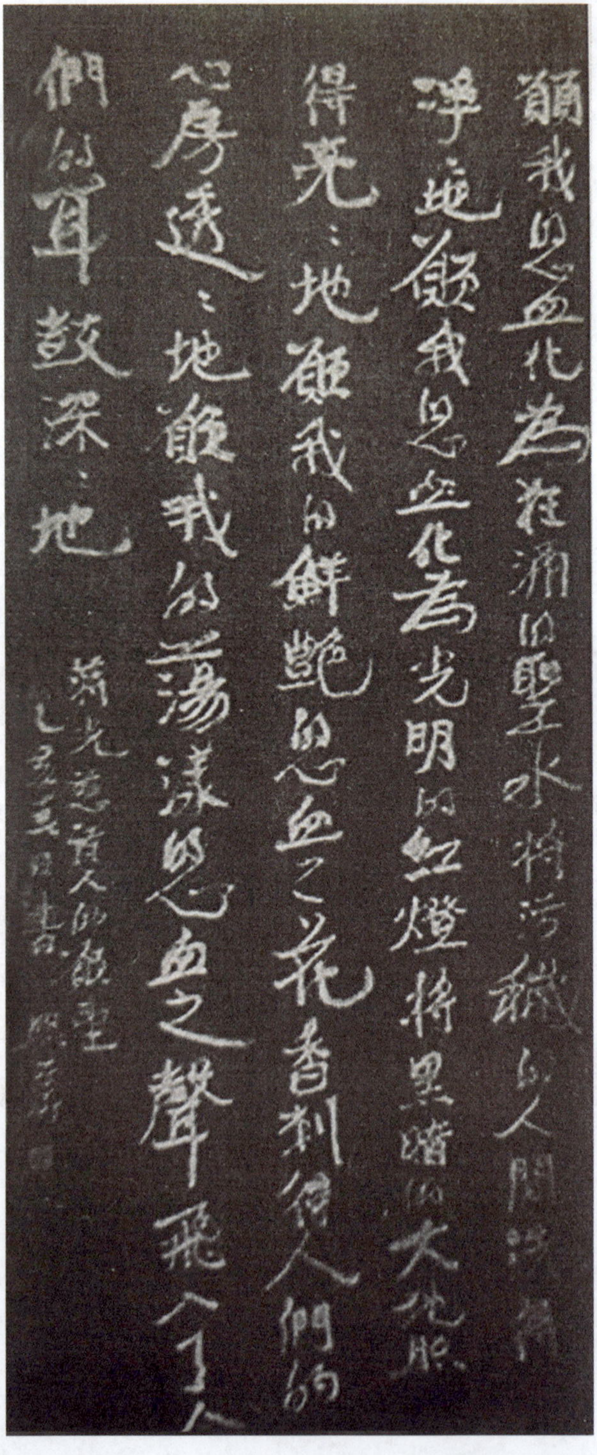

上海龙华烈士陵园蒋光慈《诗人的愿望》碑刻

蒋光慈遗骸现安放在全国重点文物保护基地——上海龙华烈士陵园。著名书法家沃新华书写的蒋光慈诗作《诗人的愿望》刻在碑壁之上：愿我的心血化为狂涌的圣水，将污秽的人间洗得净净地，愿我的心血化为光明的红灯，将黑暗的大地照得亮亮地，愿我的鲜艳心血之花，香刺得人们的心房透透地，愿我荡漾的心血之声，飞入了人们的耳鼓深深地。

在短短三十年的生命中，蒋光慈这位“革命的诗人，人类的歌童”，用手中的纸和笔，谱写战斗的曲调，热情地讴歌中国革命。蒋光慈的创作囊括了小说、诗歌、文学、理论、译介艺术，为中国现代文学的发展做出了卓越贡献。作为中国无产阶级文学的巨匠，蒋光慈的著作影响了整整一代人，让我们永远铭记这位革命“歌者”曾经的“呼号”与“鼓号”：

“我只是一个粗暴的抱不平的歌者，
我但愿立在十字街头呼号以终生！
朋友，请别再称呼我为诗人，
我是助你们为光明而奋斗的鼓号！
当你们得意凯旋的时候，
我的责任也就算尽了！”

二、豫皖边区党组织创始人詹谷堂

詹谷堂，1883 年出生于金寨南溪一个农民家庭，博学多才，后来考上信阳师范学校，在此期间深受新文化运动的影响，为后来走上革命道路打下了思想基础。1921 年詹谷堂在武汉结识了董必武，开始接触马克思主义。

1924 年暑假，在固始县志成小学任教的詹谷堂，由苏联留学回国的蒋光慈的介绍加入中国共产党。与詹谷堂同时入党的还有老师杜孝芬、曾静华二人，他们成立党小组，詹谷堂任组长。詹谷堂这位大山里的秀才，从此走上革命道路。同年秋，他以讲学名义回到家乡笔架

詹谷堂（1883—1929）

山农校从事革命工作。

笔架山农校是一所教授国语、历史、数学、蚕业、生物、英语等近代学科的学校。由于受新文化、新思想的影响，学生们更倾向于探索工农革命解救中国命运的道理。特别是一些在武汉、开封、安庆、上海求学回乡的学子，给学校带来一些进步书刊，在师生中广为流传，学校政治气氛更加活跃，先后成立了“新文化研究会”“青年读书会”“演剧社”等组织。

詹谷堂是笔架山农校校长郑养吾的好友（其弟詹祜堂也在该校任教），精通国学和历史知识，深受郑养吾青睐，在农校讲学时注意历史意义和现时社会状况的探讨，深受学生们喜爱。

詹谷堂在讲课时十分注重该校“青年读书会”几位学生的表现，进而发展了周维炯、李梯云、漆德玮、漆海峰、李声武等加入中国共产党，成立了党支部，詹谷堂任支部书记（后由李梯云继任）。这是金寨县境内第一个中共党支部。该支部的不少成员，后来在立夏节起义、六霍起义乃至鄂豫皖苏区发展史上都成为功勋卓著的人物。

1925 年初，詹谷堂回家乡南溪明强小学任校长，推动商城南乡的南溪、汤家汇、吴家店、斑竹园等地发展党员 60 多名，建立 1 个特支、3 个支部。1925 年 11 月，詹谷堂在南溪组织了第一个农民协会，会员很快发展到 200 多人，范围由南溪保，扩展到上至汤家汇、下至丁家埠。

笔架山农校党支部活动（绘图）

1928 年春，中共商城南邑区委成立，詹谷堂被选为委员，负责组建南邑地区农民武装和起义的领导工作。1929 年 5 月 6 日晚，詹谷堂与袁汉铭等共产党员带领起义农民和进步师生 200 多人，在南溪街火神庙集合，发动立夏节起义。之后，詹谷堂和起义武装一起会师斑竹园，并即兴创作一副对联，张贴在会师的朱氏祠两边大门上：

詹谷堂在朱氏祠题写的对联

"斑竹满园，制来数杆长枪，维持共产；
红花遍地，训练三军大队，保障民权。"

起义胜利后，詹谷堂积极参与红三十二师组建工作，并随红军行动，扩充革命队伍。

1929 年 8 月，詹谷堂奉命在南溪组建地方政权，在葛藤山不幸被捕。敌人用尽酷刑，要詹谷堂交代共产党组织成员，敌人威逼利诱，詹谷堂毫无惧色，视死如归，并对敌人说："你杀了我詹谷堂，灭不了共产党！"

詹谷堂用鲜血在墙上写下
"共产党万岁"

敌人用铁丝穿通他的颈骨，拉着游街，鲜血浸透衣衫，詹谷堂昂首阔步，高喊"打倒国民党反动派"……当晚在监狱里，詹谷堂用鲜血在墙上写下了"共产党万岁"后，停止了呼吸。这五个大字，充分彰显了詹谷堂难以撼动的坚定信念和高尚情操。

第二天，敌人又来提审时，发现詹谷堂已停止呼吸，仍凶残地将其遗体拖至南溪大河滩枪击示众。

红三十二师回师商南后，为了追悼死难烈士，在詹谷堂牺牲的南溪大河滩，召开了数千人参加的追悼大会。会场专为詹谷堂设一灵堂，师长周维炯亲笔题写了挽联：

"中国共产党的优秀儿子，
虽死犹生，英名千古永垂；
马克思主义的忠诚信徒，
与世长存，精神万世流芳。"

三、豫东南红军和苏区创建人周维炯

周维炯，1908年出生在金寨沙河一个农民家庭，自幼从其舅父漆树人（清末举人，擅武术，曾任过河南省长葛县县长）读书习武，14岁读完了四书五经。15岁，进入笔架山农校读书，1924年加入中国共产党。

（一）黄埔赤子闹革命

1926年10月，北伐军攻入武汉。次年春，周维炯和漆德玮（周维炯表兄）、漆海峰、漆德琮等10多名党员赴武汉，考入中央军事政治学校学习，并在武汉农民运动讲习所，聆听毛泽东讲授农民运动知识。

乘国民革命军二次北伐、武汉兵力空虚之机，杨森、夏斗寅等军阀分三路向武汉进攻，占领距离武汉仅40里的军事要塞——纸坊镇，武汉局势顿时紧张，社会秩序大乱。中共中央政治局向武汉国民政府建议调城内叶挺二十四师和由黄埔军校学生组成的中央独立师，由叶挺统一指挥开赴前线，讨伐叛军。

红十一军第三十二师、红一军第三师、第二师师长周维炯（1908—1931）

周维炯被编入中央独立师一团三营八连，任副连长，在纸坊镇与敌军作战。他指挥果断，连战皆捷，多次受到表扬。叶挺率两师向敌军全线出击，攻克土地堂等要塞，敌人溃不成军，纷纷退去，武汉大本营得以安定下来。

武汉国民政府第四集团军总司令唐生智一直视中央军事政治学校 3000 多名师生为心腹之患。他趁军校领导人邓演达、恽代英奉命赴上海之机，命令军校学生只带枪支、不带弹药到小洪山进行军事训练，又派其亲信何键率部将军校学生包围，收缴学生枪支。负责军校训练的政治部副主任施存统命令周维炯下山向第二方面军第四军参谋长叶剑英报告，请他设法解围。通过叶剑英周旋，军校师生被编入第二方面军军官教导团，由叶剑英兼任团长。9 月中旬，周维炯和漆德玮等 10 多名共产党员陆续返回家乡，组织革命武装，伺机举行起义。

（二）立夏节起义居首功

1928 年春，中共商城县委和鄂东特委派人在商南召开会议，决定组织农民武装，伺机举行武装暴动，建立人民军队，并成立了中共商罗麻特委，周维炯被选为特委委员。特委和商南区委决定利用地方民团扩充势力之机，派周维炯、漆德玮等共产党员，利用上层社会关系，打入民团，以发展党组织。

周维炯通过二舅父漆树人的关系，到杨晋阶民团当兵，并出任军事教练兼第四班班长。

打入杨晋阶民团后，周维炯一面积极训练士兵，提高军事水平，一面与出身贫苦的士兵交朋友，向他们讲解贫富差别的根源，提高其阶级觉悟，很快在民团中发展了一批党员，建立了党支部。

1929 年春，中共商罗麻特委和商南区委认为起义时机已经成熟，决定于立夏节午夜 12 时，各起义点统一行动，举行武装起义。丁家埠民团是起义重点。

周维炯采取摆宴的方法，灌醉副团总和不可靠的士兵，夺取民团全部枪支，起义获得成功。第三天，各路起义大军汇集斑竹园，在文昌宫召开群众大会，成立中国工农红军第十一军第三十二师，周维炯任师长。

（三）六霍起义支援者

立夏节起义的胜利，极大地鼓舞了金寨东部地区的党组织，中共六安县委邀请红三十二师支援。周维炯挥师东征，支援六安六区和正在酝酿的六（安）霍（山）地区武装起义。

5 月 18 日夜，周维炯率红三十二师翻越界牌岭，到达六区边境，与农民赤卫军汇合，活捉了保董汪建青，接着包围了六区自卫团，打入民团内部并担任团长的共产党员袁皋甫、副团长何子凡率自卫团起义，红三十二师先后击溃金家寨、麻埠、流波䃥、白塔畈、燕子河、长山冲等地的多股民团，歼敌 1000 多人，缴枪 800 多支。

在豫东南地区，经过一个多月的战斗，红三十二师打败了来自长岭关、松子关、银山冲等方面来犯之敌，并与鄂东徐向前领导的红三十一师一起，连续粉碎了鄂豫皖三省军阀的三次“会剿”，形成了以吴家店、斑竹园、南溪、丁家埠为中心的纵横一百多里的革命根据地；在皖西地区，创建了以南庄畈、七邻湾、古碑冲、流波䃥、白塔畈和西镇地区为中心的纵横近百里的革命根据地。六霍起义的胜利及随后红三十三师的建立，周维炯及红三十二师的全力支援，功不可没。

（四）大义灭亲传佳话

连续三次“会剿”失败后，在驻开封的国民党第一师师长刘峙的撮合下，敌人又组织了鄂豫皖三省边区 5 个县民团的兵力和鄂东夏斗寅十三师一部，向商南扑来。为了保存实力，红三十二师向鄂东转移，避敌锋芒，伺机返回歼敌。

立夏节起义的主要领导人詹谷堂牺牲后，“追剿”商南的敌人回撤。周维炯率领红三十二师回师商南，在长岭关打败了麻城郑其玉民团；在金刚台消灭了固始县民团大部，活捉了民团头子余建喜；在双河山歼灭了顾敬之民团的一个中队。其他几股敌人纷纷逃离商南，商南根据地很快得到恢复，不久红军在南溪河滩举行了死难烈士追悼大会。

追悼大会上，有人控告周维炯小舅漆树德从开封返回家乡后，参与还乡团迫害红军家属，倒算被分配给穷人的大量财物。周维炯对副师长漆德玮说："漆树德不能宽容！"漆德玮同意周维炯的意见："为革命，我们要大义灭亲！"

漆树德被抓到师部时，还威胁周维炯："你们这几根破枪，还敢造孽。我的帖子早就到开封了，不出十天，刘师长（指刘峙）大批人马很快就会来'围剿'你们。如果你们现在悔改，投诚国军，还为时不晚，有我九爷（他排行第九）给你们担待！"

周维炯不予理会，坚持审问并追查漆树德的罪行。漆树德对所犯之罪供认不讳，因为他认定这个外甥不敢对他怎么样。周维炯核实漆树德的罪行后，立即将他枪毙。漆树德被杀后，商南很快传出了四句民谣：

"外甥做官，舅舅问斩。
大义灭亲，只有共产。"

（五）红军骁将显身手

1929年12月中旬，周维炯得悉商城县县长宋慎率县民团与李克邦股匪混战于商城北乡，城内只有一个民团中队和红枪会驻守，便决定攻打商城县。

就在此时，中共中央来信调周维炯参加学习，派刘英任红三十二师师长。鉴于攻打商城在即，刘英仍要求周维炯参与指挥，战友们也认为周维炯暂时不宜离开苏区。最后决定：周维炯临时留下，暂任新组建的一〇一团团长，参加攻打商城后再去中央学习。周维炯建议乔装智取。

12月24日晚10时，红军冒着鹅毛大雪出发，天刚亮，便将商城县城团团围住，化装的战士也陆续接近城门。

负责攻打南门岗哨的侦察员周发商和另外3名战士，他们每人挑着一大担柴往城里挤，故意和几个卖柴的争吵。一个站岗的敌人端着枪前来盘问，周发商掏出手枪将其击毙。其他3个战士都一齐掏出盒子枪，解决了另一个岗哨。周发商疾步跑进岗楼，4个团丁还没来得及摸枪，就被打倒3个，另一个团丁当了俘虏。

听到南门枪响，红三十二师立即吹响冲锋号，大队红军从南门涌进城中。城里的敌人刚起床，红军进城如入无人之地，一直冲到县政府门口，敌人才开始抵抗。经过一阵激战，守敌被歼近半，余部纷纷逃窜。战斗不到两小时，县衙大小官员悉数被擒。

为了恢复社会秩序，红三十二师当天召开全城民众大会，宣传共产党的政策和红军纪律，改商城为赤城，成立赤城县苏维埃政府。

红三十二师攻打商城后，又接连攻打英山县城，歼敌700余人，生俘敌团长张汉泉，进占英山县城。

（六）横遭诬陷留芳名

1931年初，中共中央将红十一军改编为红四军。原三个师陆续改编为红十、红十一两个师。许继慎任红十一师师长、周维炯任副师长兼三十三团团长。

双桥镇战斗再立奇功。1931年3月8日，敌三十四师师长岳维峻率部进入湖北孝感县双桥镇，被红四军包围，守敌仗着装备好、弹药足、工事坚固，又有澴水河护镇，拼命还击。战斗近半日，双方都有较大伤亡。武汉的敌人又派3架飞机来支援，对红军威胁很大。周维炯从一个俘虏口中得知岳维竣指挥部的位置后，将三十三团组成3个梯队，冒着敌人密集的炮火，强渡澴水河，向岳维竣指挥部猛烈开火，很快占领岳维竣指挥部。红军大部队乘势渡河，冲进双桥镇，对敌军分割围歼。岳维竣带领部分士兵突围逃跑。周维炯率三十三团紧追不舍，最后将其包围在一个山坳里。岳维竣无路遁逃，只得自报姓名：“请不要开枪，我是岳维竣，请带我去见你们徐军长。”敌三十四师师长岳维竣及其属下五千余人，都成了红军的俘虏。

双桥镇大捷后，张国焘要求红军向东进攻安庆，威慑南京。红四军多数领导人认为安庆是国民党安徽省会，有重兵防守，南京水路增援方便，建议改变进攻方向，但遭到张国焘反对。红军只得向东行动。攻克英山后，探知安庆方向有国民党 9 个旅驻防，又要经过 400 多里的敌占区，毫无决胜把握。最后决定，红军一面向蕲黄广进攻，一面向中央分局报告。

红四军南下，连战皆捷，歼敌 7 个团。敌军武汉行营主任何成俊坐卧不安，急忙调动向中央苏区进攻的数万兵力，向蕲黄广地区增援，阻止红军南下。当敌军第四十一、第四十八两师各 1 个旅向东进入洗马畈地区，被红四军包围即将被歼时，张国焘一连发来几份电报，指责红四军领导人违抗分局向安庆进攻的命令，要红军立即回师。回师途中，张国焘立即撤销了曾中生红四军政委职务，接着以“反革命”“改组派”等莫须有的罪名，逮捕了许继慎、周维炯、肖方等一大批红军师、团干部。

张国焘在审讯周维炯时，强加罪名，栽赃陷害，不容周维炯说话分辩。徐向前元帅在《历史的回顾》中回忆：“周维炯口供是：‘老子二十年后还要革命，我不是反革命，你才是反革命。’”就这样，周维

周维炯故居（金寨县沙河乡楼房村上湾组）

炯这位红军三任师长、年仅23岁的豫东南红军和苏区的主要创始人，竟被秘密杀害了。

一代军旅战将周维炯，其卓著功勋将彪炳千秋、青史留名。

艰苦紧张的战争生涯，使周维炯始终无暇顾及家庭及个人问题。几年中他只回过一次家。其未婚妻多次在他行军的路上等候。有一次终于等到了，周维炯满怀深情和歉意地说："革命成功了，我们就成亲。"周维炯被污蔑惨遭杀害，给未婚妻留下了无尽的等待与思念。

四、皖西革命根据地早期杰出领导人刘仁辅

刘仁辅，金寨燕子河人，1885年生，毕业于安徽省立法政学堂，早在1920年就参加了燕子河燕溪小学的马克思主义学习小组。1922年，他变卖家产，帮助燕子河地区千余户农民打官司，维持"永佃权"。1923年8月，当地佃农筹款在闻家店立"述先言维持永佃，请官示打消转庄"的永佃碑，作为见证。原碑现存放金寨县革命博物馆。

1927年，刘仁辅加入中国共产党，并成立燕子河第一个党支部，担任党支部书记。同年秋，在燕子河建立农民协会，并任农会主席。1929年成立燕子河党总支，下辖闻家店等6个党支部，刘仁辅担任党总支书记。同年，参与领导六霍地区武装暴动，在燕子河成立了"西镇区革命委员会"，任区委书记、革命委员会主任。

1930年夏，红军主力暂离燕子河苏区，开赴豫东南、鄂东北作战。国民党军潘善斋旅纠集六安等地的反动武装，大举进犯燕子河。地方土匪、"还乡团"也趁机卷土重来，大肆搜捕共产党人。在这革命危急关头，刘仁辅领导党员、干部和避难群众，辗转战斗在丛山密林之中。

8月13日，六安自卫团进行大规模"清剿"。与赤卫队走散的刘仁辅和刘载顶两人，隐避在塔儿河的一个山崖上，不幸被"搜剿"的敌人发现。他俩的子弹早已打光，便搬起石块砸向敌人。在敌众我寡、难以脱身的危急时刻，两人毅然纵身跳下山崖。

身负重伤的刘仁辅在昏迷之中落入敌人魔掌，被带回国民党六安

刘仁辅帮助佃农打官司维持
“永佃权”后，立碑纪念

县政府。县长李少波审问他：

“你就是西镇共产党的‘头子’吗？”

“我是共产党员！”刘仁辅泰然自若。

“你生在豪门，熟读诗书，身为议员，为什么要当‘共匪’？”

刘仁辅高声痛斥道：“我们共产党人，信仰的是共产主义！不为个人利禄，鄙弃剥削阶级的腐朽生活，就是为了推翻剥削制度，让穷苦人民翻身解放。我们可以舍得一切，甘愿献出一切！你们官僚地主、土匪恶霸、封建军阀，到处欺压百姓，残害无辜人民，你们才是真正的土匪！”

李少波被驳得理屈词穷，便严刑拷打刘仁辅。面对敌人的百般折磨和残害，刘仁辅刚直不屈，只字未吐。

一个天低云暗的上午，刘仁辅被白匪们推上囚笼（俗称“无顶轿”），急速向六安城南门押去。六安城南门的刑场，呼啸的朔风在怒吼，送别的群众在悲泣。无计可施的敌人决定以最毒辣的手段——“挂画”，将刘仁辅钉在城门示众。在一片喧嚣声中，刘仁辅被拖下囚笼。他神态自若，双目怒视敌人，昂首挺立，朝城门走去。

皖西革命根据地早期杰出领导人刘仁辅（1885—1930）

敌人用铁钉将刘仁辅的四肢和胸部钉在城门上。顿时，殷红的鲜血浸透英雄的全身。他忍着剧痛，顽强地抬起头来，痛斥群匪，在低吟的国际歌声中，停止了呼吸。刘仁辅成为鄂豫皖革命根据地牺牲最惨烈的烈士。刘仁辅一家先后有 6 人为革命献出了宝贵的生命。

皖西革命根据地早期杰出领导人刘仁辅大义凛然，视死如归，体现了中国共产党人的坚定信仰和执着信念。后人赋诗称颂革命英烈刘仁辅：

先烈遗风隽永嘉，城门荐血沃中华。
为民请命身先死，气贯长虹雨后霞。
士可杀身难夺志，精神不朽锦中花。
满门忠烈垂千古，万世英名众口夸。

五、桂月峰、袁成松全家献身革命

（一）桂月峰父子征战，满门英烈

第五届全国人大常委会副委员长的朱蕴山，曾在 1918 年秋，亲往同乡好友桂月峰家，邀请他同去六安筹建安徽省立第三甲种农业学校时，书赠桂月峰一首诗：

五年不见鬓先斑，忧国情怀火一团；
闭户但闻勤课读，出门从不理衙官；
家贫心苦能常乐，道梗时危岂畏艰；
皖山淮水荆棘满，愿君从此种芝兰。

桂月峰时年已逾四十岁，参加过同盟会，立志教育治国。朱蕴山这首诗，真实地反映了桂月峰当时的志向、精神和情操。

桂月峰真正的革命生涯是在 1927 年参加中国共产党之后。在第二次国内革命战争期间，他和弟弟桂明田及三个儿子（尊夏又名伯炎、尊农、尊林）都为革命献出了宝贵生命！被家乡人民赞誉为“桂家五英烈”。

桂月峰，金寨古碑人，1872 年出生在一个工商业兼小土地出租的家庭，幼年勤学苦读，精通文史，更关注时政。二十世纪初，他考入安徽高等学堂，后又去日本留学。

回国后，桂月峰在安庆、芜湖任教期间，广泛接触沈子修、光明甫、朱蕴山、柯庆施、刘希平、李光炯、钱杏邨、胡苏明等共产党人和进步人士。这些都是当时安徽政治和教育界知名活动家。

朱蕴山登门邀请桂月峰去六安，创办安徽省第三农林学校，他欣然应允。第二年春正式开学，沈子修任校长，朱蕴山任教务主任，桂月峰任训育主任。由于学校领导和授课教师在教育界颇负盛名，又以传播新思想、新文化为宗旨，很多进步青年来此求学。陈绍禹、王逸常、桂伯炎、窦克难等都在此受过革命思想的启蒙。

1926 年，桂伯炎赴武昌，进入安徽省党务干部学校学习农运知识。桂月峰回到家乡金家寨，1927 年 1 月，参加中国共产党，与笔架山农校读书返乡学生、共产党员詹慕禹、袁继安、桂杰生、许仲平等一起，建立党的组织，成立农民协会。

1927 年 8 月，桂伯炎由武汉回乡，被选为中共六安特别区委委员、宣传部长，领导农民协会斗争，并建立一支 80 多人的农民赤卫军，积极准备武装暴动。桂月峰则利用自己德高望重的身份，改造当地帮会团体，使之成为倾向革命的群众组织。以扶危济贫自谓、专打抱不平的大刀会首桂海洲、桂绍堂、袁成翥等被发展为共产党员；桂月峰派共产党员毛月波打进青帮组织，并掌握了领导权；并保荐共产党员袁皋甫、何子凡打入六保联络自卫团并担任团长和教练。这些都为武装暴动创造了条件。

六霍起义领导人之一：桂伯炎（1900—1931）

1929 年春，丁家埠、南溪、吴家店地区爆发了立夏节起义，对金家寨地区党组织鼓舞很大。桂伯炎很快和周维炯取得联系。5 月 20 日，周维炯率三十二师与桂伯炎领导的农民赤卫军联合攻打金家寨，打败金家寨商团，缴枪 20 多支。六区赤卫军改编为六区游击队，揭开六霍暴动的序幕。同年冬六霍暴动全面胜利。

1930 年春，中央派郭述申赴鄂豫皖边区，组建中共鄂豫皖边区特委，统一领导三省边区党组织和政权建设，并将金家寨地区划为兴中县，桂月峰出任兴中县县长。在很短的期间内，区乡政权普遍建立起来，农、工、青、妇、少儿等组织都有很大发展。

同年秋，鄂豫皖革命根据地行政区重新组建，兴中县建制取消，恢复六安六区名称。桂月峰要求留在六区从事宣传教育工作。他亲自组建剧团，编写剧本和革命歌曲，深入乡村，配合各项政治运动演出。编写《歌唱苏维埃》小歌剧，歌词浅显易懂，如“镰刀不怕荆棘扎，斧头不怕硬实柴，人民当家作主人，快快参加苏维埃。苏维埃是政权，农协会是骨干，工人阶级是老大哥，工农联盟保江山。”有力地推动了六区苏维埃政权建设。

桂月峰还创办六区苏维埃文化印刷社，印制传单、标语、剧本、歌曲、课本，编辑出版《火花报》《鲜花报》，交流革命经验，反映人民要求。

桂月峰组织筹办六区列宁小学，编写课本，针对贫农子弟免收学费。全区十四个乡很快都办起了列宁小学。他还亲自编写《平民课本》《工余课本》，在居民集中的村庄办俱乐部、识字班。除要求学校老师兼任教课外，还规定高年级学生每人教会五个农民分别学认一百个字及学唱两首革命歌曲。

正当红军不断发展、苏区不断扩大、人民闹革命的劲头越来越高涨的时候，张国焘来到鄂豫皖根据地，并掌握党政军领导大权，几乎全盘否定了苏区取得的各方面成绩。张国焘在党、政、军各级组织中进行大“肃反”。1931 年秋，六区暴动领导人、皖西北特区文化委员会委员桂伯炎与叔叔桂明田等一大批党和军队负责人都以“莫须有”的罪名惨遭杀害。

面对弟弟和儿子的不幸被害，桂月峰极为痛心、一度成疾，但他强忍悲痛，并动员二子桂尊农、三子桂尊林相继参加红军。他自己也拖着年老多病的躯体，背着行李，随军日夜转战，宣传鼓动战士奋勇杀敌，被战士们称为革命“不老松”。

红四方面军在第四次反“围剿”中失利，最后离开了鄂豫皖根据地。在行至英山时，部队精简非作战人员，桂月峰带领部分伤病员返回家乡，在横溪山一带接受治疗。一天夜晚，桂月峰回到家里筹集粮食，不幸被汪云生民团包围逮捕。在押送至金家寨的半路上，敌人以谎报共产党“劫案”为名，将桂月峰杀害。

桂月峰牺牲不久，其子尊农、尊林也在转战西进途中英勇献身。噩耗传来，六区人民极为悲痛。桂家父子叔侄五人投身革命、满门英

金寨县革命烈士名录（金寨县革命博物馆内）

烈，倍受后人敬重。

（二）袁成松全家为革命献身

七邻湾小街东头，居住着袁化清、曾昭香夫妇及其长子成松、次子成林、三子成树的五口之家。袁成松出生于 1908 年，9 岁发蒙读私塾，15 岁时转入七邻湾袁氏笃本学堂。该学堂是五四运动后由一些进步人士创办的。教师桂月峰、袁皋甫、袁继安、桂伯炎等都是在外地求学归来的共产党人。他们一边从事教学，借以传播新思想、新文化；一边传播马克思主义、发展党的组织等革命活动。

袁成松在笃本学堂读书，接受了新文化和新思想的教育，扩大了视野，提高了思想觉悟，很受老师器重，毕业后被推荐留校教书。在桂伯炎、袁继安等领导下，袁成松积极参加农民协会。1926 年冬被发展为共青团员，就此踏上革命征程。

袁成松经常彻夜书写和油印标语传单，到处散发。因为他家住在街上，来往客商多，袁成松不但向他们宣传反封建剥削压迫、办农会

袁成松全家献身革命（绘图）

的道理，还常把标语传单塞在客商的货担里，传播到各地。他的父母兄弟也经常帮助收藏散发传单，掩护同志们开会，袁成松家逐渐成了党组织的联络点。

1928 年秋，六区农协会已普遍建立起来，为了捍卫农民协会的权利，袁成松便在农协会员中，组织 70 多个进步青年，成立纠察队、警卫队等农民武装，后来都成为六区农民武装暴动的骨干力量。由于工作卓有成效，袁成松由共青团员转为中国共产党党员。

1929 年 5 月 19 日、20 日，在红三十二师的支援下，取得策动六保联络自卫团起义和攻打金家寨的胜利。袁成松被任命为六区少共书记。1929 年 11 月，六霍起义全面爆发后，游击大队改编为独立团，袁成松任政治部副主任。1930 年 3 月，他随红三十三师在光山县作战时，英勇牺牲，年仅 21 岁。

袁成松二弟袁成林，1912 年出生，刚毅诚实。在笃本学堂读过四年书后辍学，从小受到哥哥的革命影响，经常跟随袁成松贴标语、散传单。1928 年进入六保联络自卫团当兵，由团长袁皋甫介绍参加中国共产党。六区暴动后，任六区工会委员兼第三乡工会主席。1930 年春，袁成林亲手制作了六区的第一面党旗。后调任皖西北道区工会委员长，下半年参加了红军，历任红三十三师连长、营长，后改任红军独立旅政治委员。1930 年率部随大军由商城经潢川到光山宿营，不料遭到当地民团和国民党军队的合围。他沉着指挥战斗，并身先士卒，勇猛冲杀，突围中光荣献身，时年 18 岁。

袁成树，1915 年生，读了四年书辍学，参加红军。六区暴动后，被选为六区儿童团大队长。带领小伙伴站岗、放哨，给红军传递情报，配合红军作战。1931 年在十一师政治部任宣传科长，1932 年被张国焘以“改组派”的罪名杀害于河南潢川，年仅 17 岁！

袁成松、袁成林、袁成树兄弟三人，在 3 年内相继牺牲，袁化清老两口虽然无限悲痛，但儿子们的牺牲精神鼓舞了他们的斗志。由于他家是革命活动的联络点，每逢党组织在他家活动，老两口主动站岗望风，收藏文件和标语传单，烧茶做饭，帮助联络。

由于第四次反“围剿”失利，鄂豫皖大片苏区失陷。反动民团追逼二位老人交出党的文件和红军情报。但任凭敌人严刑逼供，二位老人始终守口如瓶。1932 年底，曾昭香被南庄畈反动武装杀害于马叉河，袁化清也不断遭受敌人折磨，不久含恨辞世。

袁成松全家五口投身革命、英勇牺牲的英雄事迹，永远激励着后人牢记使命，砥砺前行。

六、中国曾有个英安县

在中国共产党的百年历史上，以烈士命名为县的不多，而在党领导的红四方面军、红二十五军、红二十八军在创建的鄂豫皖、川陕、鄂豫陕三块苏区中，唯一一个以烈士林英安名字命名的就是“英安县”。

林英安（1907—1934），金寨斑竹园漆店村龙潭冲人。出生贫苦家

林英安（1907—1934）

庭，1928 年加入中国共产党，1929 年 5 月参加立夏节起义，加入中国工农红军。先后在红十一军第三十二师、红一军、红二十五军第七十三师二一八团等做政治工作。参加鄂豫皖革命根据地的创建和第一、二、三、四次反“围剿”斗争。1931 年 11 月任红四方面军政治部科长。1932 年任红军医院院长。1932 年 12 月随部转战入川。在开辟川陕革命根据地的斗争中，历任红三十一军第九十一师政治委员，红三十一军政治部主任，川陕省军区指挥部副指挥长兼川陕省游击总指挥部西路游击队指挥长，参加了川陕革命根据地的反三路围攻、六路围攻等斗争。

从“猴哥”“林大胆”到“红军干部”。林英安兄弟七人，排行老小，幼小聪明、顽皮、胆大，他上树像猴子一样机灵敏捷，能在树上玩多种惊险动作，也是村里的孩子头，因此，顽童们管他叫“猴哥”。

在共产党人的宣传教育下，林英安懂得了许多革命道理，主动加入农民协会，积极参加农会的各项活动。1928 年，林英安任乡苏维埃副主席，并兼任乡苏维埃财粮委员，后担任乡赤卫军分队长。他工作积极，立场坚定，不怕得罪人，领导农会会员进行抗捐、抗粮、抗债、抗税等斗争，群众称他“林大胆”。

1932 年，在红军医院任院长期间，为了使 700 多名伤员能及时得到治疗，早日恢复健康，林英安还步行 50 多里，到南溪红军总医院请来了十几名医师、护士，组成一个临时医疗小组，为伤员采药，制药，精心给予治疗。为了解决伤员吃的问题，除了在山林里找野菜、挖草根外，每天夜晚还带着医院工作人员，冒着生命危险，去河南亲区（今商城县境）、湖北独杨树（今罗田县境）等地主家打粮，使伤员的基本口粮得到了保证。经过休养治疗，红二十五军及一路游击师的700多名伤病员重返战场。

“闹革命要有文化，要懂得革命道理，不然闹不好革命。”林英安参加革命后，特别是当干部后，抓紧一切机会，如饥似渴地刻苦学习，从一个文盲提高到相当文化水平，讲话写文章和做群众工作都能很快适应需要，有的人还以为林是一个知识分子。

从鄂豫皖苏区到川陕革命根据地。1932年10月，红四方面军第四次反“围剿”失利，红军主力撤离鄂豫皖苏区时，林英安担任红二十五军第七十三师第二一八团政治委员，积极参与创建川陕革命根据地的斗争。

1933年7月，林英安奉命率部参加粉碎国民党川军“三路围攻”作战。一天，他们正走在川陕边界花山寨，遭到地方民团和土匪的袭击，全体指战员，奋力出击，顽强拼搏，经过三个多小时激战，敌军节节败退，死伤100余人。

林英安作战勇敢，指挥果断。同年冬，升任红三十一军政治部主任，参加创建川陕革命根据地和反“六路围攻”战役。反“六路围攻”战役从1933年11月至1934年9月，红四方面军在四川省北部地区粉碎了国民党川军围攻。

1934年5月，林英安开动脑筋，总结经验，拟定《红方面军第三十一军连指导员须知》《红四方面军连、排、班长须知》等，将各干部的责任和工作方法都分别作了明确，并分发各级干部，要求每一干部加紧学习和了解，切实执行，“能完成铁的红军三十一军和争取光荣胜利”的任务。

同时，组织翻印和编印《党员须知》《支部组织及其他工作》《红军战士丛书》《连队指导员须知》等，发往各部队。在基层开展识字活动，主持开办政工干部培训班，加强战时政治工作，深入进行战前动员，使部队始终保持高昂的战斗士气。

血洒牛角洞，新建“英安县”。反“六路围攻”战役期间，林英安调任中国工农红军川陕省军区指挥部副指挥长，兼任川陕游击总指挥部西路游击队指挥长。积极开展敌后游击战争。

有的同志问：“你由正规的军政治部主任，改任仅二三百人的游击队指挥长，这不是降了吗？”他笑着说：“啥升啊降啊的，地方和部队的工作都是党的工作，组织上这样安排了，咱就要干好。”

得知旺苍鹰嘴岩一带土匪猖獗，杀害苏维埃干部，肆虐百姓，林英安集合游击队，布置作战任务，机智、果断指挥游击队，狠狠打击敌人。

地主、土匪们见势不妙，纷逃往深山老林，伺机对红军和红色政权进行反扑。敌团总杨利生和向继川等组织地主武装百余人以牛角洞为据点，不时偷袭区乡苏维埃政府，杀害苏维埃干部。

牛角洞位于川陕边区的郭家坝与鹰嘴岩交界处海拔二千多米的云雾山中，洞的左右两侧都是数十丈高的悬崖，只有一条险道可从腰悬岭下山谷通牛角洞下面的一个岩穴，从此再架约两丈高的木梯攀缘而上，才能抵达洞口进入洞内。洞口上方是三十多米高的凸岩，由于洞室呈牛角弯状故名牛角洞，洞长七十多米，洞中有泉水，宽敞高大。

农历八月十三日夜，躲藏在牛角洞的土匪任长安串通水藏坪、木瓜院的李怀春、李仕成和盐井河的向继川等仗着机枪2挺、步枪20余支在云雾山古庙里密谋袭击苏维埃政府。

农历八月十五（10月4日）夜，匪徒以送月饼慰问为名，在象鼻子河坝集中偷袭郭家坝苏维埃政府，打死红军战士8人、赤卫队员及苏维埃干部10余人，抢走粮食和财物，裹挟部分群众迅速逃往云雾山牛角洞。

当晚，林英安等立即调集红军特务连和旺苍坝游击队独立连火速

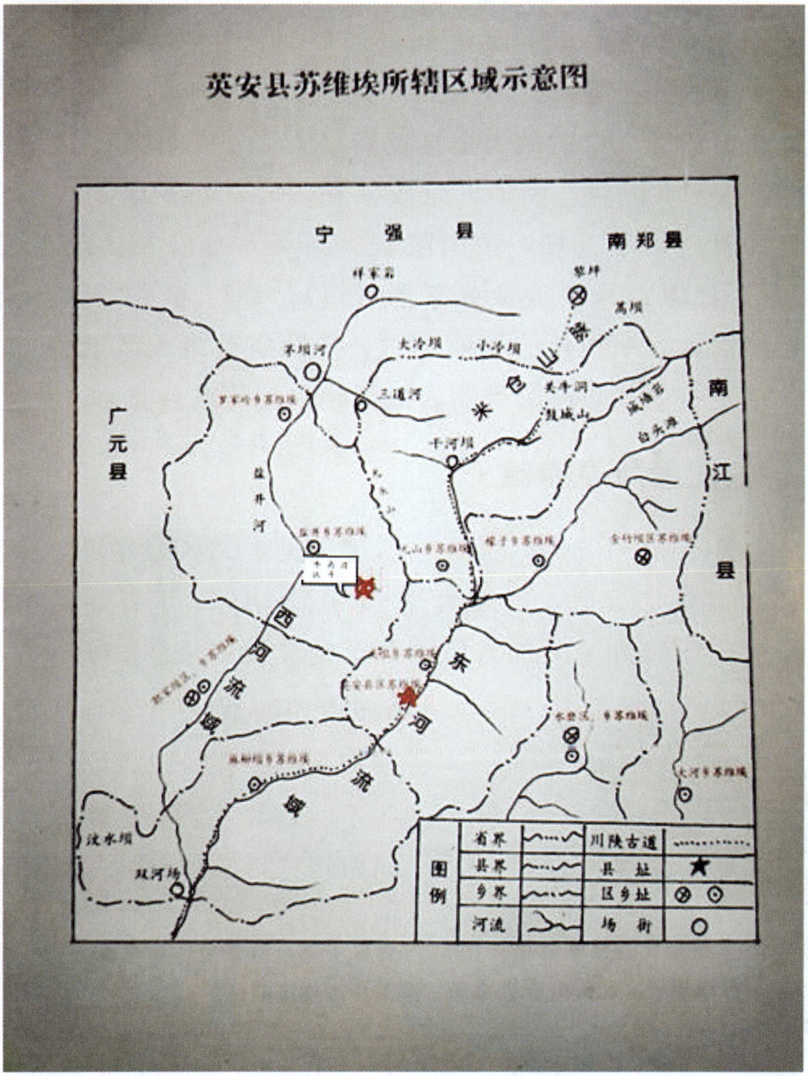

英安县苏维埃政府所辖区域示意图

赶往郭家坝，会同第一乡苏维埃赤卫队共 200 余人于 10 月 20 日分两路围攻牛角洞。

林英安身先士卒，冲锋在前。一面组织红军向敌人发起猛烈攻击；一面带领少数战士悄悄摸到牛角洞的顶部，用绳子系着身体悄悄攀缘到洞口上方凸起的石头上察探洞里的敌情。不料被敌人暗哨发现。林英安不幸中弹光荣牺牲，年仅 27 岁。

金寨籍老红军黄泽夫、葛海洲都亲眼目睹了林英安牺牲之壮烈：当时战斗十分激烈，地形十分复杂，红军一时很难到牛角洞下面抢回林英安遗体。惨无人性的敌人把林英安尸体“分成四块”。

据旺苍县大事记载，中华苏维埃共和国时，旺苍地区在 1933 年 6 月建置广元县，治旺苍坝，隶川陕省。同年 8 月广元县改名旺苍县。同年 12 月，建置莺舞县治今英萃场（镇）。1934 年 11 月，因林英安在莺舞县境内郭家坝牛角洞剿匪牺牲，川陕省苏维埃政府为纪念林英安烈士，决定将他战斗过的鹰嘴岩地区建立的莺舞县改为“英安县”。

七、巾帼英烈廖赤健

廖赤健（1915—1936），女，原名廖肇见，又名廖赤见，金寨汤家汇人。1929 年参加革命，1930 年参加红军。1932 年春加入中国共产主义青年团。1933 年 5 月加入中国共产党。先后任红一军和红四军政治部宣传队队长。参加鄂豫皖革命根据地第二、三、四次反“围剿”斗争。1932 年 10 月随红四方面军向西转移，参加创建川陕革命根据地的反“三路围攻”“六路围攻”等斗争。在川陕苏区任少共川陕省委青妇部部长、少共川陕省委常委。1935 年参加红四方面军长征，三过雪山草地。1936 年 10 月与中央红军会师后，廖赤健所在的西路军奉命西进，参加了艰苦而悲壮的作战。同年 11 月，在甘肃永昌遭数倍于己之敌包围，她率领剧团的战士奋勇抗敌，不幸壮烈牺牲，成

廖赤健

为著名的巾帼英烈。

大别山女红军歌手。廖肇见，兄妹三人，她居长。父亲廖陟若早年就读于笔架山甲种农校，与立夏节起义领导人周维炯、李梯云等同学，毕业后又习中医，在金刚台脚下的汤家汇街上开设中药店，经常周济生病的贫苦百姓，成为大别山区早期的共产党员。

廖肇见经常听父亲等谈革命道理，乡村里农协开会，她去听；斗劣绅地主，她去看。身临其境，耳濡目染，使廖赤见懂得了许多革命道理。渐渐走上了革命道路。她在学校参加了儿童团，并担任大队长。积极做群众工作，带领儿童团扛起红缨枪，站岗放哨，巡逻警戒，干得十分起劲。同时也参加一些宣传演出活动，上前线慰问红军。因此得到过肖方等领导人夸奖。

1929 年 5 月底的一个晚上，红军和苏维埃干部正在屋里开会，廖肇见身背肖方奖励的大刀，带领童子团员在会场周围站岗放哨。突然，她发现一个黑影在会场附近窜动，她机警地命令童子团员将其捉住。原来，是当地逃亡的大恶霸廖石甫趁黑夜窜回汤家汇，刺探红军情报廖肇见立即将其押送到苏维埃政府。

1929 年 6 月，国民党兵 48 人向红军投诚。红三十二师和地方苏维埃政府在汤家汇举行了欢迎白军起义大会。会上，廖肇见代表童子团向投诚人员致欢迎词。

1929 年 12 月 25 日，红三十二师占领商城后。当地流传起《打商城》的歌谣，廖肇见也跟着唱起来："民国十八冬，红军取商城，打得敌人乱纷纷，喜坏我穷人！二十五清早，红军计划好，手提油条肩扛草，就把城破了！民国十八春……"

1930 年春，红日剧团在汤家汇组建时，年满 15 岁的廖肇见就因为《打商城》这支歌儿唱得好，而被录取到红日剧团。

为了突出剧团特色，领导将剧团每个女演员名字中间的那个字，一律改成"赤"，"我们是红日剧团，每个女演员的名字必须带上个'赤'字，就是赤色、赤诚的意思，象征着一颗赤心干革命，永远做个赤色宣传员！”就这样，廖肇见改成了“廖赤健”。

1930 年 3 月，剧团准备在瓦屋基上演《土豪自叹》一剧，缺少道具，虽然多方搜集，仍差一副手镯和几块银元，为了使戏演得逼真，廖赤健想方设法，终于弄到了这两样东西，从而增强了演出效果。

原红日剧团女演员吴赤慎老人回忆：红日剧团以排练歌舞节目为主，节目大都短小精练，简单，轻便，易演。当时上演的主要节目有《送郎当红军》《反动派吵嘴》《穷人调》《八月桂花遍地开》……其中，就数《八月桂花遍地开》最为出名，十分红火。

1930 年 5 月，红一军军长许继慎在汤家汇观看红日剧团的演出，特意看望演出人员，还引用两句古诗赞赏并祝贺《八月桂花遍地开》：“灵椿一株老，丹桂五枝芳。”廖赤健就是是大别山群芳之中一株丹桂，扎根于血沃的土壤，茁壮成长！

1930 年 12 月，红一军攻占金家寨后，廖赤健就被红军政治部选拔走了。她相继当上红一军政治部宣传队队长、红四军政治部宣传队队长。1931 年 11 月 7 日，红四方面军成立时，她在红四方面军政治部妇女宣传队担任队长。

建功川陕苏区与长征。1932 年 10 月，鄂豫皖苏区第四次反“围剿”失利后，红四方面军主力撤离鄂豫皖革命根据地，廖赤健肩扛马枪，身背干粮和背包，与金寨籍女红军林月琴、刘伯兴、彭素、陈映民、周起义等一道随红军西征到了川陕地区。

进入川陕革命根据地后，女红军队伍迅速壮大。1933 年 2 月，廖赤健被选为共青团川陕省委妇女部部长，不久又担任团省委常委。同年 5 月，转为中共正式党员。她年轻漂亮，工作积极热情，成为川陕地区军民所瞩目的优秀红军干部。

1935 年初，她被调至川陕省苏维埃工农剧团第一团任政治指导员。“打过嘉陵江，迎接党中央！”在撤离川陕根据地的长征途中，她带领剧团 60 名成员没有一名掉队的。为了适应战争环境，她剃平头、穿军装、打绑腿，肩扛马枪、身背干粮，边行军、边打仗、边演戏，英勇顽强，活泼乐观，坚持在行军中做宣传鼓动工作。其间，她曾与中央红军队伍中著名的歌舞明星李伯钊（杨尚昆夫人、工农剧社社长）。同台演唱。

长征宿营时，常常是战友们都进入了梦乡，廖赤健和剧团的战友们还在写标语、作画，准备第二天在队伍出发前沿路张贴。每到一个城镇，她们都要组织演出《送郎当红军》《北上抗日》《打到南京去》《活捉蒋介石》《打倒帝国主义》《保卫祖国》《誓死不当亡国奴》等话剧，为“扩红”起了极大的作用。

长征岁月里的廖赤健，战胜了蜀道艰难、巴山风雪，又三越雪山、草地，饱尝了饥饿、寒冷、疾病和各种恶劣环境的折磨。手冻烂了，脚磨破了，她却从不叫苦。宣传队有的女同志走不动，她就挽扶着，并把别人的背包和枪支背在自己身上，鼓励大家跟上队伍。

红军歌手血染河西。1936 年 10 月 10 日，红军第一、二、四方面军在甘肃会宁会师以后，红四方面军有三个军 2.18 万名将士，奉中革委令于 10 月下旬从靖远西渡黄河执行战略任务。这些渡河西征的部队。名为西路军，廖赤健任西路军总政治部前进剧团政治指导员兼党支部书记，剧团共有干部、演员八九十人，隶属总政治部宣传部领导。西征途中，廖赤见带领剧团的女战士不畏严寒，不顾劳累，充分利用战前和战斗间隙，积极开展文艺活动，宣传革命的英雄主义，鼓舞士气。

10 月下旬，在景泰县一条山时，前进剧团遭遇敌骑的攻击，廖赤健和剧团其她领导一起，沉着应战，指挥同志们与敌人英勇战斗，紧密配合掩护部队激战 4 个小时，击退敌人。此后，剧团急行军百余里，在红九军支援下，摆脱了追击的敌军。

11 月，红西路军占领永昌县城后，筹建苏维埃红色政权。为庆祝新生的苏维埃政府成立，前进剧团正在加紧排练文艺节目时，接到命令，到二十里铺东寨村红九军军部驻地慰问。12 月 5 日清晨 5 点，剧团全体人员和红九军派来的几名保卫人员一行从永昌县城出发，冒着

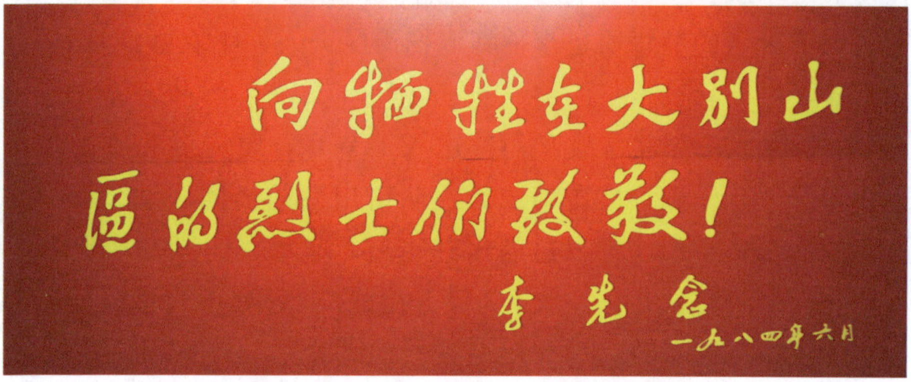

隆冬严寒，徒步赶到东寨村时，红九军军部已经转移，遭遇马步芳的一〇〇师马步銮骑兵团追袭。

前进剧团和战斗班的红军战士临危不惧，英勇奋战。子弹打光了，就扔石头。

廖赤健和政委易维清眼含热泪，对闻讯前来接应她们的红军高声喊道："同志们，谢谢你们！大门已被敌人堵死！剧团是无法突围了！敌人已经包围过来了！你们赶快退回去，再晚连你们也出不去了！"但战友们还是迟迟不愿离去。

时近黄昏，凶恶的敌人用密集火力朝庄内扫射。七八个敌人爬上围子东面的一棵十五六米高的大杨树，居高临下地朝庄内射击。

在紧张激烈战斗中，剧团政委易维清、团长周汝功、副团长汪贤臣、导演任弼煌等十多名干部、战士相继牺牲，不少人负伤。

廖赤健从阵亡的战友身上捡起一支枪，卧在房顶上朝敌人射击。围墙外边，敌人已经搭上云梯，攀上墙头……此时，她已顾不得隐蔽身体，瞄准云梯上的敌人射击。在两个敌人摔下梯子后，她不幸被敌人的子弹打中。

在壮烈牺牲前，她用仅有的一点力气喊着；"红军万岁！"

廖赤健为了民族独立解放、人民幸福自由，献出年仅 21 岁生命！

1991 年，老红军王定国撰写巾帼骁将廖赤健的小传，吟诗一首以抒情怀，其中两句是："血染河西永难忘，往事悲壮留纪念。"

廖赤健等前进剧团遭遇战遗址

八、抗战英雄胡继庭

《人民日报》“革命英烈谱”专栏刊载了金寨几位革命烈士，胡继庭就是其中一位。

胡继庭，1916 年出生在金寨县古碑镇一户贫苦家庭。由于他天资聪颖，虽然只读 4 年私塾，却能写对联，作文章，成为山村僻壤中一名“小秀才”。1929 年，胡继庭开始在乡里担任少先队大队长，第二年冬加入了共产主义青年团，被选为六安六区少共书记。1932 年调皖西道委工作，后任道委书记郭述申的秘书。由于郭述申同志政治、理论和军事指挥水平都很高，使胡继庭学到了很多知识，得到了很好的锻炼，逐渐成为一名成熟的政治和军事干部。

1934 年 11 月，郭述申随鄂豫皖省委和红二十五军长征北上，胡继庭又担任了道委书记高敬亭的秘书。当时道委首长只有高敬亭一人，主持内务的，也只有胡继庭一人。因而，善于政务、精于军事、熟悉民情的胡继庭同志成了高亭敬的得力助手。

红二十五军长征后，鄂豫皖苏区被 10 多万敌军分割成多块零星根据地，红军也只剩下一些地方革命武装。胡继庭奉命经常秘密来往于各小块苏区，恢复地方政权，组建小股革命武装，惩治反动的乡保绅董，安置伤病员，筹集活动经费等。红二十八军组建后，道委书记高敬亭任军政委（未设军长和司政后机关），胡继庭仍担任秘书，参与高敬亭主持的党务和军务等决策工作，为第三次建立的红二十八军制定了很多切实可行的政治工作条例和军事战略战术原则。如在战术上，针对敌大兵团“围剿”，我实行化整为零和集零为整寻机歼敌的经验；针对敌强我弱的特点，实行“四打四不打”（即：敌情明打，地形好打，缴获大打，无伤亡打；情况不明不打，地形不好不打，缴获不大不打，伤亡大不打）的经验；针对敌人多路“追剿”，我运用中间接火，引敌自相残杀的经验等等。这些经验的总结，对红二十八军的成长壮大，对鄂豫皖苏区斗争的坚持，都具有非常重要的意义。

1935 年冬，为了发展鄂东苏区，建立地方武装，胡继庭担任鄂东道委书记。很快组建了一支近千人的游击师，不断打击敌人，其中吊桥崖一仗，胡继庭采取诱敌深入战术，先以小股游击队出击，将敌人引诱至吊桥崖下，歼敌 500 多人，生俘敌一个营长，两个连长，缴获长短枪 300 多支，成为扼制武汉敌人向大别山进攻的前哨。

七七事变后，高敬亭化名李守义和国民党卫立煌部谈判，胡继庭以秘书身份随从，参与研究方案，协助处理事务，使谈判得以顺利成功。红二十八军改为新四军四支队后，高敬亭曾派胡继庭去武汉和南京八路军办事处，报告鄂像皖红军和根据地情况及二十八军改编经过，请示抗战和统一战线等问题，得到了周恩来、董必武、叶剑英等领导人的指示，使新四军四支队建设有了正确方向。

四支队下设七、八、九三个团，东进抗日前线后，为了加强七团领导，胡继庭被任命为七团政治处主任，率领七团迅速进入了指定作战区域。七团进至舒城、桐城、无为、庐江一带，为了唤起民众参加抗日救亡，开创抗日根据地，选择时机，狠狠打击一下日寇的嚣张气焰，提高民众抗日士气，是当务之急！胡继庭根据日寇经常从安庆到合肥的公路上运输武器弹药和军需用品的情况，决定选择安——合公路一段，截击日寇汽车，消灭押运日寇。经过反复侦察，掌握了日寇汽车出动的规律，9 月 1 日凌晨，胡继庭率领第三营战士，埋伏在安——合公路的桐城西面范家岗一段山林里，9 时，由桐城方向驶来日寇汽车三辆，十几个押运的鬼子站在车厢里，胡继庭见敌人汽车驶进我射程之内，一声令下："打！"一束束手榴弹向敌人汽车砸去，顿时，敌汽车瘫痪，我英勇的战士一拥而上，向敌人冲杀，10 多个鬼子兵除逃跑两名外，全被我歼灭，缴获三八式步枪 10 支，子弹 6000 发，食品罐头数百箱。周围群众，见我打了日寇汽车，消灭了鬼子，高兴万分，纷纷向我慰问。不少老百姓对着鬼子的死尸，用脚踢、石砸，表示对日寇的愤恨。

为了进一步鼓舞民众，打击鬼子气焰，胡继庭命团侦察队继续侦察日寇汽车来往运输规律，得悉 9 月 5 日有百余辆汽车由新安渡向合肥运输食品等物资。9 月 4 日晚，胡继庭亲率一个营和团侦察队共 400 多人，5 日凌晨，隐蔽在铜城南段公路边的棋盘岭。为了使这一仗打的更好，将部队分成 3 个战斗单位，分别埋伏在各距一二里的丛林里，两头负责拦击和打击可能增援的敌人，自率一部居中袭击，并派侦察队化装成农民，封锁通往棋盘岭的各条要道，观察情况。对这次战斗，《棋盘岭战斗详报》作了详细记载："5 日晨 9 时，敌从新安渡开来 80 余辆汽车，其先两辆驶抵棋盘岭隘口，为我便衣队打毁，其第三辆距后面 4 里多路，亦被我用集束手榴弹炸翻，敌兵十名死，六名伤兵，在押运路上，企图逃跑，当被击毙。是时后面汽车接连而来，相继停下……我军勇猛出击，敌兵两百余下车乱窜，为我之火力大量杀伤，余部退至棠梨山顽抗，以机枪火网封锁……""由于我军攻势勇猛，敌伤亡 70 余，被我打毁汽车 50 余辆，缴获三八式步枪 21 支，子弹 7000 余发，太阳旗百余面，地图、文件两挑，食品罐头 200 箱，其它军用品无数……""我伤、亡各 1 名，消耗子弹 1400 发，手榴弹百余枚。"

七团连续截击日寇兵车的胜利消息，很快传遍大江南北，广大抗日军民，无不欢欣鼓舞，我军军威大振。此后，安——合公路，经常有日寇车被我新四军截击。日寇为了保护这条运输生命线，每次运输，都要先派骑兵和装甲车沿路搜索，认为确实安全了，才敢驶行。但即便如此小心，仍免不了遭我新四军拦击。

此役进一步揭穿了所谓“日寇不可战胜”的谎言，受到了党中央的表扬。日、伪军对胡继庭恨之入骨，收买伪军诱捕他，数次均遭挫败。1943 年 3 月，他率小分队掩护同志渡江时，被日、伪军 1000 多人围困，终因寡不敌众，胡继庭在掩护部队突围后被捕，被敌酷刑摧残得奄奄一息时，还痛斥顽敌：老子今日断头，为了抗击日寇，顽贼媚日作父，终将获罪千古。胡继庭在监狱里，写了三首诗，抒发对革命的情怀：

（一）

暗无天日困三春，牢狱生涯闷煞人。
心想银屏[1]花似火，思春只有听鹃声。

（二）

铁窗羁禁自堪忧，梦在沙场醒在囚。
战斗一生无险恶，一心抱死亦何愁。

（三）

十五年来历艰辛，大江半渡却遭擒。
恶魔兽性任残害，头断血流不屈心[2]。

胡继庭被营救出狱后，任皖南支队参谋长、沿江支队参谋长兼桐（城）怀（宁）潜（山）中心县委书记。在这期间，胡继庭除了参与领导向日、伪、顽作战外，并以很大精力，从事桐、怀，潜根据地党组织的发展和政权建设工作，广泛宣传抗日统一战线政策，收编了很多民间和土匪武装，团结了一批上层开明人士充任地方政权的负责人，为抗战出谋划策。在收编牛王庙所谓“银屏游击司军”时，胡继庭只

① “银屏”指巢县、无为地区银屏山；
② 原载 1944 年 7 月 7 日《前线》报第 46 期。

身空手到牛王庙与游击军司令牛三爷谈判，晓以民族大义，牛三爷终于觉悟，率部投入沿江支队，受到支队司令林维先通报表彰。

我抗日根据地的不断巩固与发展，引起日、伪、顽的严重不安。1944 年初，桂系顽军大兵团配合日军向我桐城东乡地区进攻，2 月 12 日，胡继庭在陈瑶湖的钟泊地区指挥作战，日伪军分乘 200 多条船只向胡继庭指挥部位围攻，胡继庭率部奋力抗击，终因敌众我寡，壮烈牺牲，时年 28 岁！

九、金寨县首任县长白涛

白涛，1915 年出生在河南省西峡县。他自幼好学，在家乡读了 10 年私塾；1934 年秋，到北平读书。七七事变后，白涛到开封参加了共产党举办的抗敌训练班。9 月，到达山西临汾，参加八路军学兵队。12 月，加入中国共产党。

金寨县首任县长白涛（1915—1948）

白涛参加革命后，工作积极，很快走上领导岗位。1941 年党组织派他到辽县（今左权县）担任县委书记。1947 年秋，白涛随刘邓大军南下，9 月 2 日立煌县解放，白涛被任命为县长、县委副书记。

为了宣传人民政权的宗旨，白涛和县委书记张延积商量，准备出一张布告，并商定将立煌县改名为金寨县。

白涛才思敏捷，很快以群众喜闻乐见的五言诗句，拟出文稿。开头几句是：

“查我金家寨，大别山中心。
革命根据地，中外有威名。
立煌本战犯，不应留其名。
改名金寨县，历史面貌真。”

布告在全县张贴后，群众争相观看，由于内容通俗易懂，句子朗朗上口，很快成了火爆的革命歌谣，传遍全县。从此，金寨县作为“红军的摇篮，将军的故乡”，载入史册。

白涛身先士卒，做群众工作，深入细致；执行政策，严肃认真。当时，由于当地群众、干部、战士对地主和乡绅民团十分痛恨，部分区、乡政府人员，不区分罪恶大小，不注意分化瓦解，出现个别乱杀乱打乱罚行为，也出现少数人“跑反”的现象。当时全县尚有近三分之一的偏僻地区尚未解放，国民党残余势力、匪徒仍继续与人民为敌。残害军民、破坏社会稳定的恶性事件时有发生。

为了改变这种状况，白涛在全县基层干部会议上，专门作了严格按照党的政策执法的报告，要求干部、战士善于做分化瓦解敌人的工作，并亲自找一些罪恶不大、愿意重新做人的“反”“坏”分子谈话。同时召集开明人士座谈会，反复宣传党的政策，要他们安心改造，靠拢人民政府，从而争取了多数人，孤立和打击了极少数罪大恶极者。

1947 年 11 月，考虑金寨是大山区，为便于开展工作，将金寨划为金东、金寨两县和金北办事处。白涛主动要求到土匪蚁聚的金东县，被任命为县委书记兼县长。

金东县辖燕子河、前后畈、流波
疃地区，当时形势十分严峻，除地方数支股匪外，还有驻扎在邻县的国民党四十六师五十七团经常来犯。他们威胁群众，不准与人民政府干部接触，并胁迫群众订立“五家连环保”。白涛率领干部和县武装基干团，一面深入群众，宣传党的方针政策，一面调查研究匪情，为鼓舞民心，决定给土匪一次严厉打击。

当时金东最大的一支土匪是黄英民团，有 200 多人，经常活动在前后畈一带的大山里，昼伏夜出，杀害基层干部，抢掠百姓。

12 月 21 日，几名战士抓到一位名叫黄守富的密探，是黄英派来侦察金东武装基干团情况的。白涛把他带回县政府所在地王立墩，关在自己住处隔壁的一间屋里，中间只隔一层一人多高的木板墙。下午，白涛和县武装基干团团长张绍基“研究”去流波碹运棉衣棉被的问题，故意高声说：“明天上午，基干团除留下一个连执勤，其余全部去流波碹押运棉衣棉被，路上要特别小心，防止敌人偷袭。”

吃晚饭时，白涛授意看守战士故意放松警惕，天刚黑，黄守富借故要方便，顺后山溜跑了。白涛对张绍基说：“黄守富肯定回去报信了，我们就等着逮鱼吧！”第二天一早，将基干团一分为二，白涛和张绍基各带一部埋伏在距县政府半里之遥、进入王立墩的两面山坡上，等待敌人上钩。

金东县民主政府驻地王立墩旧址（今金寨县天堂寨镇前畈村王立墩小街）

黄守富逃回去后，立即向黄英报告了基干团明天要去流波碹运棉衣棉被的情况，黄英迅速向罗田民团头子郑效升通报消息，第二天一早，两股土匪 200 多人，向王立墩攻来。上午 10 时，进入基干团伏击圈，突然各种火器一齐射杀，激战半个多小时，打死打伤敌人 100 多人。黄英股匪副大队长潘进荣也被击毙，余敌四散逃去。年底又歼灭敌人四十六师五十七团大部。这两次战斗，鼓舞了干部、群众的士气，灭了敌人的威风。

1948 年春，由于解放军主力部队转战中原，只留下县区武装，白崇禧又增派其四十八师入侵大别山，地方土匪又嚣张起来。我基层政权无法立足，白涛率领县、区武装转入游击活动。6 月 19 日，白涛率部在胡家山与数倍于我军的敌人遭遇，激战至天黑，才冲出敌人包围圈。白涛和主力走散，天下暴雨，白涛便到一户群众家烤衣服，被叛徒告密，遭土匪黄英部包围被俘。伪县长吴暑光亲自对白涛进行劝降："先生只要写个适当的悔改表示，就可和我们合作了。"白涛说："我已作好了牺牲准备，你们不要枉费心机了！"

受金东上层人士之托，知名士绅吕绍钧到狱中看望白涛，想商定一个"自救"办法，白涛笑笑说："先生的厚意我心领了。但明代于谦的《石灰吟》，先生一定很熟悉。"白涛随口吟出："千锤万凿出深山，烈火焚烧若等闲。粉骨碎身全不怕，要留清白在人间。"吕绍钧连声感叹："共产党人伟大，令人钦佩！"说罢，十分惋惜地离去。

白涛在狱中镇定自若，每天打拳锻炼身体，写日记、编诗歌，还关心狱中同志。他对被捕的漆店区委书记江川说："我准备牺牲，希望你坚持斗争，解放为期不远了。敌人狡猾，不要上当！"

敌人对白涛用尽各种伎俩，折腾了二十多天，什么也未得到。7 月 7 日，敌人借故骗来一些群众和学校师生，"公审"白涛。白涛大义凛然，高声宣传全国解放战争的胜利形势，并抖着手中的报纸说："我们的胜利，连国民党报纸都不得不承认！"他大声痛斥国民党反动派、蒋介石挑动内战，屠杀中国人民的累累罪行，并怒斥台上的国民党官员："你们这帮屠杀中国人民的刽子手和蒋介石一样，都逃不了人民的审判！"

敌人恼羞成怒，遂残忍地将白涛杀害。

敌人杀害白涛后，严令曝尸三天，不准收尸。家住金寨西关的吕绍先老夫妇听到白涛被杀的消息，十分悲痛，因白涛一到金寨就住在他们家，担柴挑水，什么都干，管老夫妇俩叫大叔、大娘，视如亲人。吕绍先对老伴说："白县长这么好的人，牺牲了，就是杀头，我们也要把他掩埋起来。"老两口半夜里抬着竹帘，将白涛遗体裹好，抬到一个山坡上掩埋。

后来，军民隆重召开追悼大会，沉痛悼念白涛烈士，并作诗传颂他：

"宁愿断头死，绝不屈膝降。
法庭与敌辩，临刑骂贼党。
心坚如金刚，气节松柏长。
血染金家寨，浩气贯长江。
烈士为民死，父老皆敬仰。
金寨白县长，名垂青史扬。"

大别山老区人民为追悼白涛作诗传颂，充分彰显金寨首任县长白涛气贯长虹、血洒刑场的高风亮节。

十、陨落在抗美援朝中的最年轻将领吴国璋

吴国璋（1919—1951），金寨汤家汇人。1929 年立夏节起义爆发后，参加童子团。次年，刚满 11 岁参加红军，1934 年加入中国共产党，随红二十五军参加长征。曾任红十五军团七十五师青年干事；八路军一一五师三四四旅政治部干事，第二纵队组织股股长，新四军三师第十旅三十团、二十九团团长；东北民主联军第二纵队五师参谋长、师长，第四野战军第三十九军一一六师师长；任志愿军第三十九军副参谋长兼作战处处长、参谋长、第一副军长，是中国人民志愿军在抗美援朝战场上牺牲的四位军级将领之一。

（一）从儿童团小队长到长征小英雄、百战百胜团长

吴国璋家境贫寒，7 岁就下地劳动，9 岁给地主放牛，刚满 10 岁

吴国璋（1919—1951）

就参加儿童团并担任小队长，11岁参加红军，在营部当勤务员，13岁时参加第四次反“围剿”，在战斗中负伤，伤愈后回地方游击队，在鄂豫皖苏区坚持斗争。1934年，他参加红二十五军长征。长征途中，双脚严重冻伤，却以惊人的毅力经受疮痛，坚持行军打仗，被誉为长征中的小英雄。

1937年全面抗战爆发后，他率领一支抗日游击队奔赴山西，开展敌后游击战争；次年调冀鲁豫军区，先后任营长、团政治部主任、团长，率部多次粉碎日军的“铁壁合围”和“扫荡”“清剿”，被誉为“百战百胜的吴团长”。1943年冀鲁豫军区授予他“战斗模范”光荣称号。

1945年9月，吴国璋奉命率队从山东菏泽出发，挺进东北。任五师师长，率部与三纵主攻义县，解放锦州城，随后挥师北上，参加辽沈、平津等战役，吴国璋威名赫赫。

1949年秋，他奉命率部强渡长江南下作战，先是在榆树湾全歼白崇禧的一百师，将湘西残敌打得七零八落；随后又经湘黔入桂，自罗城借道，直逼柳州。继而克忻城、渡红河，在上材、宾阳歼敌鲁道源、黄杰兵团一部，横扫广西残敌。

（二）援越抗法谱新曲

1950年1月，越南人民抗击法国侵略的斗争正处于关键时刻，越南民主共和国主席兼政府总理胡志明为了民族解放和独立，经过17天的艰苦跋涉，秘密到访中国，代表越共中央向中共中央提出援越抗法的军事援助请求。4 月 17 日，中央军委决定，为了援助越南人民争取民族独立和民族解放斗争，从人民解放军的二野、三野、四野挑选人组成了 300 余名的赴越军事顾问团。吴国璋作为军事顾问团的顾问之一赴越南，支援越南人民抗法斗争。

在冒雨淋、战炎热等艰苦条件下，吴国璋患上了严重的胃病。他忍着病痛，仍然坚持跋山涉水，常常夜以继日的开展工作，帮助越南人民军训练部队、制定作战计划、传授战略战术等。越南人民军在我军事顾问团的协助之下，先后成功组织了边界战役和著名的奠边府大捷。这是人民解放军第一次为了正义，履行国际主义责任，跨出国境线参与国际军事活动。

（三）抗美援朝立新功

1950 年 11 月，吴国璋离开越南返回国内，安排在后方医院治病。住院期间，吴国璋突然得知：失去联系十多年的老母亲终于找到了！他惊喜交加。吴国璋非常想立刻去看望久未见面的母亲。此时朝鲜战争已经爆发，他所在的三十九军奉命正准备入朝参战。吴国璋身体还没有完全康复，但想到这里吴国璋毅然放弃了探望母亲，回到了部队。

看到吴国璋提前归来，军长吴信泉十分诧异："老吴，不是说要回老家看母亲吗？我们可以在战场等你啊。"吴国璋十分坚定地说："还是等打完这一仗，再回去吧！"

没来得及探望母亲的吴国璋，就匆匆告别了妻儿，抱病入朝作战。他的亲属未曾想到，这一去，竟是永别！

入朝开始，吴国璋任志愿军三十九军副参谋长，与军长吴信泉及军各领导交流后，详细了解全军前线作战情况，立即投入战斗指挥。此时，第一、第二战役胜利结束，以美军为首的"联合国军"退到"三八线"及其以南地区，利用既设阵地，在西起临津江口、东至东海岸 200 公里正面、70 余公里纵深内，部署了 13 个多师，组成两道防线，妄图凭借临津江阻止中朝军队南进，以集结兵力，准备再次北犯。

为突破敌军防御，志愿军首长决定发起第三次战役。三十九军担任对临津江新堡（元堂南）、石湖地段的正面突破任务。吴国璋全程参与临津江战役的作战指挥。

临津江位置十分重要。它位于汉城以北 75 公里处，为朝鲜主要河流之一。此时，它横贯两军阵地之间，水面宽 150 余米，水深 1 至 1.5 米。时值严冬，积雪很厚，平均气温低于零下 20℃，有的江段已结冰厚度约 15 厘米；有的江段因江心水深流急，仅在靠近两岸的地方结冰，这段江面正是一一六师进攻的突破点。

为保障突破任务的胜利完成，三十九军制定了周密的作战计划，组成先遣队，了解当面之敌兵力部署、工事建筑、火力配备等情况以及决定总攻时间、控制高点、占据有利地理位置等。12 月 30 日当晚，吴国璋随三十九军军长吴信泉到一一六师看望全体指战员，全面检查作战准备情况。

在志愿军强大攻势下，当面之敌慑于被歼，于 1951 年 1 月 2 日全线撤退。三十九军奉命向汉城攻击推进，一一六师以两个团截断议政府之敌退路。战斗中，第三四七团第七连由进攻转入防御，连续击退了敌 7 次反扑，战至最后，全连只剩 7 人。1 月 6 日，志司通电嘉奖突破临津江的部队，明确指出一一六师三四六、三四七两个团表现最为出色。第三次战役胜利结束。1951 年 1 月，吴国璋升任三十九军参谋长。

以美军为首的“联合国军”遭连续打击，退至“三七线”后，为挽回局面，趁志愿军休整之际，集中 17 个师、3 个旅、1 个空降团及南朝鲜军的全部大炮、坦克、飞机，以西线为主要攻击方向，搞所谓“屠夫行动计划”，向志愿军发动全线进攻。为了抗击敌军进攻，“志司”决定发起第四次战役。

为保证完成志司整体作战部署，2 月 6 日，吴国璋与吴信泉、政委徐斌洲、副军长谭友林等认真研讨三十九军在第四次战役中的作战任务。在第四次战役作战过程中。

三十九军先后出色地完成了牵制敌军、反击敌军等战役保障任务。吴国璋指挥有方，配合有效，1951 年 6 月，由参谋长升任三十九军第一副军长。

在敌人发动“夏季攻势”“秋季攻势”期间，三十九军担任临津江两岸的防御任务。吴国璋为全军防御任务作了很多周密的部署。在志愿军司令部会议上，三十九军的防御工事多次受到表扬。

（四）璀璨将星殒落在朝鲜战场

1951年10月6日，吴国璋去平壤志愿军总部开会，三十九军的防御工事又一次受到表彰。吴国璋很高兴，赶着回去把这个好消息告诉军长吴信泉。他乘吉普车返回军部，行至平壤东北的成川郡附近时，突然遭到美军几十架飞机的空袭，重型炸弹雨点般往下落。炸弹和机枪子弹在吉普车前后爆炸，小车随即被击中。在“轰”的一声爆炸声中，一块弹片飞进了吴国璋的左肋，胸部被炸出一个碗口大的洞，正好击中了他的心脏部位，不幸当场牺牲。时年仅32岁。

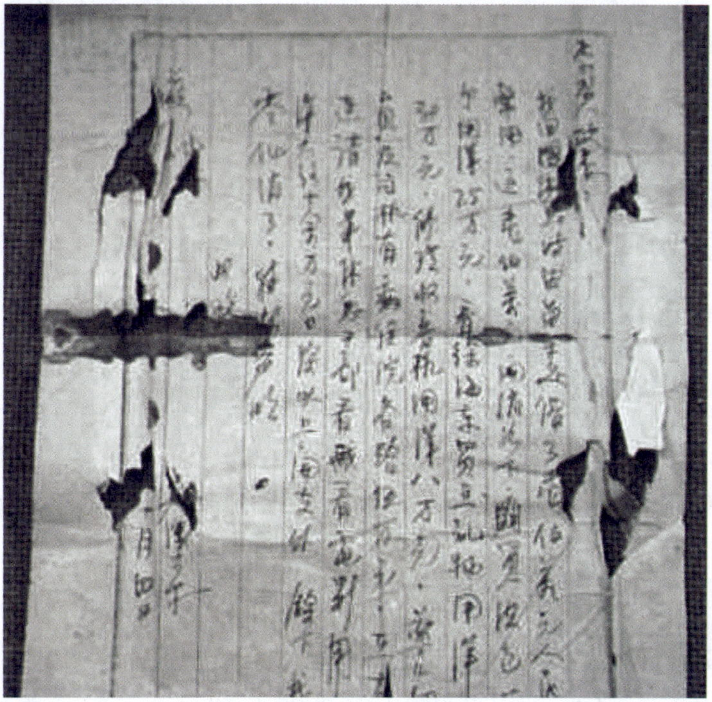

吴国璋沾有鲜血的账单，原件藏于抗美援朝纪念馆

如果你到沈阳抗美援朝烈士陵园，缅怀革命英烈，你一定会听到解说员介绍一张带血的账单的故事：吴国璋牺牲时，警卫人员在他的衣袋里发现了一份染着鲜血的账单，上面清楚地写着他从志愿军后勤部借来的100元，用来看望老首长、修理收音机、警卫员和司机有病住院补助等开支状况，连几角几分都未遗漏。

抗美援朝，血与火的淬炼，血性与信念的锤炼，让一个古老的中华民族，实现又一次精神飞跃，在民族复兴史上出彩。而吴国璋用忠诚和生命警告敌人："帝国主义侵略者应当懂得：现在中国人民已经组织起来了，是惹不得的。如果惹翻了，是不好办的！"

十一、少年英雄：张咏梅、廖业红、胡小五、杜志强

（一）张咏梅英勇就义

张咏梅，金寨南溪人，读小学时经常参加赤城县苏维埃红日剧团的演出活动，后参加红四方面军少共国际师宣传队，能歌善舞，深得人民群众和战士们喜爱。红四方面军转移时，她因患病，未能随部队行动，病愈后，留在红二十五军当宣传员。红二十五军转移到外线开辟新根据地后，她又被分配到红二十八军当卫生员。这时她虽然才15岁，但已是4年军龄的红军战士了。在锦鸡坪战斗中，她因帮助伤员转移，不幸落入敌人魔掌。

敌独立第五旅六一五团团长曹兴文，外号"白脸曹"，是个十分凶恶的刽子手。曾在金家寨一次就杀害红军家属80多人，又在南溪红军后方医院活埋伤病员和医护人员60多人，并将医院焚毁。逮捕张咏梅后，他好像抓住了搜捕红军的重要线索，审问时，装腔作势地问：

"你叫什么名字？"

"我叫红军战士！"

曹兴文暴跳如雷："你还嘴硬，不给你一点厉害，你是不服输的！"说罢，举起一条马鞭，对着张咏梅没头没脸地打来。张咏梅满脸是血，衣服被打成破片片烂条条，但她一声不吭。

曹兴文打了一阵，认为张咏梅认输了，又喝问道：

“你叫什么名字？你们部队跑到哪里去了？你们的医院在哪里？红军伤员藏到哪里去了？”

“我们的部队，我们的伤病员你是找不到的。医院嘛，大别山就是红军医院！”

曹兴文更加恼怒：“我不信皮鞭撬不开你的嘴！”

说罢，他命令站在一边的两个卫兵：“把她衣服扒了，我要打个痛快！”

张咏梅怒不可遏地痛斥道：“你这个没人性的东西，难道你没有姐妹吗？你要耍流氓，只能说明你在污辱你的姐妹！”

这时，敌旅长从屋里出来了，装模作样地对张咏梅说：“小姑娘，刚才曹团长有点过激，他是个粗人，你不要计较他！”说罢端来一个凳子，要张咏梅坐。

张咏梅心想：你们这些豺狼，都是一个心眼，硬的不行来软的，便说：“你想讲什么，就直说吧，不用转弯子！”

敌旅长微笑着说：“姑娘你不过十几岁，本来前途无量，可惜误入歧途。你跟我们国军干吧，我可以授予你上尉军衔，在我们旅部当副官。你要愿意读书也可以，马上送你到南京读书！”

敌旅长以为靠微笑和利诱能打动面前这个稚嫩的女红军，可未等他说完，却遭到张咏梅的痛斥：“你们的团长是野蛮的豺狼，你是个伪善的豺狼，都是吃人的野兽！你们的军衔都沾满了人民的鲜血，接受你们的军衔，是我的耻辱！”

敌旅长仍强忍怒火，慢条斯理地说：“好好，我们不说远的了。你该想想现在的处境吧，你难道不爱惜年轻的生命吗？只要你交代红军的指挥机关在哪，你马上就能获得自由，我们还奖励你一笔可观的大洋！”

张咏梅说：“人生在世，谁都爱惜自己的生命。但他如果是真正的中国人，就更爱惜中国人民的生命。我们红军就是为了全中国人民能够过上幸福的生活，才不惜自己的生命，和你们作斗争。落入你们的魔掌后，我就做好了牺牲准备。你们的要求我办不到，要杀要剐，随你们的便！”

敌旅长气得面红耳赤，把桌子一拍：“你这个小丫头，真是敬酒不吃吃罚酒！来人，给我狠狠地打！”

凶神恶煞般的曹兴文接着说：“旅座，你就让我来整治吧，看是她的嘴厉害，还是我的刑具厉害！”

曹兴文命两个士兵：“给我上压杠，灌辣椒水！”

两个士兵抬过一条长板凳，将张咏梅绑在上面，身上放一根碗粗的木杠，一人按一头。

曹兴文嚎叫：“用力！”两个士兵便使劲朝下按，张咏梅被压得口吐血沫。曹兴文又嚎叫：“再用劲！”两个士兵骑在杠上，“啊”的一声，压得张咏梅满口鲜血朝外喷！

曹兴文嚎叫：“你叫饶不叫饶！快答应我的条件吧！”

张咏梅紧闭双眼，一声不吭，以示对抗！

曹兴文嚎叫：“给我灌辣椒水！”

金寨红军烈士墓园

（位于金寨县梅山镇红军广场）

敌兵提来一只鸭嘴壶，用一根木棍撬开张咏梅的嘴，辣椒水顺着张咏梅的嘴和鼻孔倒进去，张咏梅呛得连声咳嗽，眼冒金花！

一壶辣椒水灌过，曹兴文命两个士兵将张咏梅松绑，张咏梅站立不住，倒在地上，但她扶着墙站起来，指着曹兴文说：“你的本事用尽了吧，还有更厉害的吗？我等着，你动作快些！”她的声音虽然不大，但十分顽强坚定！

曹兴文气得脸色铁青：“你个小黄毛丫头，太猖狂了！”便命两个士兵：“给我挖坑，把她活埋！”

不一会，坑挖好了。曹兴文还想最后一逞：他指着 3 尺深的土坑说：“本团长为了仁至义尽，给你最后 5 分钟机会，只要答应我们的条件，立即放你！”

张咏梅说：“你别说 5 分钟，就是 5 天，也别想从我嘴里掏出一句话！”

曹兴文气急败坏，嚎叫怒骂：“给我活埋！”

两个士兵来拉张咏梅，张咏梅推开他们：“不用你们动手，我会自己走！”

说罢，张咏梅整理一下被打成碎片的衣服，理理头发，昂首阔步，走到坑边，高喊：“共产党万岁！”“红军万岁！”便跳下坑去，她为革命事业献出了 15 岁的年轻生命。

（二）廖业红冒死送情报

廖业红是红一军独立旅旅长廖业麒的妹妹，13 岁参加少共国际师，任话务员。在第四次反“围剿”中，被国民党军俘虏。国民党师长陈玉阶看她还是个孩子，满脸稚气，眉目清秀，随便审问了一下，便将她留在师部卫生队当护士。敌师长老婆廖华琼是少校军医，见廖业红性情温和，手脚麻利，便把她留在自己身边，一面做勤务工作，一面教她学医，并要求廖业红喊她姑姑。

廖业红想：既落入敌人魔掌，就得暂时委屈一下，找机会跑出去，回到红军队伍。她对学医也有兴趣，想将来在红军中当一名医生，为伤病员们治伤治病。所以她除了侍奉廖华琼、在卫生队护理伤员外，就是抓紧一切时间读医书，并经常向廖华琼询问一些医疗问题，两人关系越来越融洽，连廖华琼的卧室，廖业红都可以随便出入。

一天，廖华琼在卧室给廖业红讲课，陈玉阶进来很不满意，廖业红很知趣地退出来，清楚地听到陈玉阶批评廖华琼："别看她年纪小，她可是个红军俘虏啊。这屋里有很多机密文件，要让她知道了，万一捅出去，可要误大事！"廖华琼也不高兴地说："什么红军？十几岁的孩子，我还准备收她做女儿哩。她只要跟我学三年，肯定是个好医生。"

廖业红终于知道了一个重要情况，就是陈玉阶房内有很多重要文件。廖业红心想：这些文件肯定是作战的内容，要是能送给红军，该有多好啊！从此，廖业红除潜心钻研医学外，就是想办法看到陈玉阶房间的机密文件。

机会终于来了，一天晚上，廖业红给廖华琼送洗浴水，出门时听刘副官和陈玉阶讲话。虽然话音很小，廖业红还是断断续续听到一些内容，是上级有什么紧急命令，又听说"大孤山……明天上午9时全师统一行动……"廖业红顿时醒悟：大孤山是省委机关所在地，又是红军后方弹药、给养秘密储备之地。万一被敌人毁了，后果不堪设想！必须设法把情报送出去，否则省委和红军的军需将受到巨大损失！

廖业红回到卫生队，经反复思索，终于想出一个办法：师部不远处住着一个老药农，那天，她和廖华琼上山采药，就是他带的路。廖业红逐渐和他熟悉起来，并喊他"伯伯"。廖业红认为这位药农是可信的，请他送情报应该有把握。

廖业红走出卫生队，经过师部门哨时，对哨兵说："奉廖医官命令，要去药农家寻一味急用中药，廖医官等着用。"廖业红一路小跑，直奔老药农住处，掏出积攒的两块银元，向老药农深鞠一躬说："老伯，我有一件紧急的事要拜托你老人家！"

老药农说："姑娘，你尽管讲，是不是缺什么药？"

廖业红说："老伯，我相信您。我原来是红军战士，刚得到情报，敌军四十二师明天上午全军出动，包围大孤山。大伯，您要是想发财，就把我抓住，送给陈师长；您要想帮红军一把，烦您将这个情报连夜送到大孤山。"说罢，她把写好的一张纸条和两块银元递给老药农。

老药农沉思了一会，推开廖业红递过来的两块银元，接过了廖业红另一只手中的纸条，塞进袜筒里，说："钱，我不要。这纸条我收下了。放心吧，我一定在明天中午前送到。我两个儿子都在红军里，这也是我给红军办的一件好事，一定办好！"说罢，他立起身来，腰里插了一把砍柴刀，说："姑娘，你也回去吧，不要引起敌人怀疑，我这就上路了。"

第二天上午9时，一阵紧急集号声，除一些后勤人员，敌军四十二师开拔了。傍晚，部队回来了。陈玉阶一进屋，便大骂道："红军鬼得狠，害我们扑了个空。回来时，后卫部队还遭到伏击，损失一百多人！"

陈玉阶看廖业红在屋里，不便发作，便倒在床上生闷气。

廖华琼说："打仗总有胜有败，不就损失点人吗？值得这么生气？"

陈玉阶说："我觉得事情很奇怪，我们赶到时，红军锅里的饭还是热的，他们哪里得到的情报？跑这么快？军需库也全是空的！"说罢，坐起来要喝茶。廖业红很麻利地泡了一杯茶递上。陈玉阶看了廖业红足有一分钟才接过茶，好像要从她脸上找出答案似的。

廖业红装作姑娘害羞似的，低下头。她暗自庆幸这次的成功，更想着还要有多次的成功！

第二天上午，廖业红来到老药农家，老药农说他是第二天早上10点钟将情报送到。省委领导非常重视，当即命令机关人员转入深山，文件和军需物资全部隐藏起来了，说要给你记功，但要你提高警惕，不要让敌人抓住把柄。省委领导让我告诉你，附近杨树店开饭店的刘老板是地下交通员。有重要情报可交给他，暗号是"只吃馒头，不吃油条"。

廖业红回到师部，就被特务连两个士兵绑了起来，陈玉阶拍着桌子喝道："你个黄毛丫头，竟敢在我这里盗窃情报，说说，你怎么把情报送到大孤山的？"

原来廖业红的晚上到老药农家去的事，特务连长查到了。大孤山

"围剿"扑空后，特务连长对廖业红那天外出产生了怀疑，把情况报告了陈玉阶。

陈玉阶正审问廖业红时，老药农也被抓来了。老药农看到正在审讯廖业红，已明白了七八分，他感到为红军办了件大好事，死而无憾。但廖业红小小年纪，死得太可惜了，便没等陈玉阶审问，就说："长官找我可是因为向大孤山送情报的事？情报就是我送的。"

陈玉阶问："你交代是如何知道我们要'围剿'大孤山的！是谁向你透露的？"说着，两眼盯着廖业红。

老药农说："你们那天晚上打电话，我在后山上听到的！"陈玉阶大怒说："你胡说！我们打电话又没讲要'围剿'大孤山红军，你这般瞎编，能骗过谁？"

老药农说："我是听你们说什么大孤山的，我儿子就在那里当红军，所以估计你们是要进攻大孤山。信不信由你们！"说罢，一头撞在门前的石柱上，头颅破裂，脑浆四溅，气绝而亡！

廖业红看到老药农悲壮牺牲，心里十分疼痛，她知道：他是为了保护自己而死的！

陈玉阶审问了廖业红一阵后说："看你年轻，和太太又是宗家，不追究了，以后可要小心，不准随便外出！"

廖业红一连好几天照常伺候廖华琼，继续读书，并未发现什么异常，顾虑渐渐消失了。一天晚上，廖华琼让她去听课，但廖业红进屋后一个人也没有。过了几分钟，刘副官进来说，师长去聚餐了，半个小时后就回来，要她等着，还和廖业红开了几句玩笑，门一关，走了。

这时廖业红发现茶几上放了一个大卷宗，上面写有"绝密"两个字。廖业红心动了，她听说敌人最近正在发动什么三个月"清剿"，但不知到什么地方"清剿"。如果把这个情报搞到手，送到刘老板那里转给省委该多好啊！但她不敢轻易动手。又过了几分钟，廖业红实在耐不住了，她想：这么好的机会决不能错过，就是为此牺牲也值得。她便壮着胆子，掀开卷宗，还没看一页，陈玉阶推门进来了，大喊："来人！”立刻进来两个卫兵。陈玉阶命令：“把她绑起来！”

可惜啊，16 岁的廖业红，虽然勇敢不怕牺牲，但由于缺乏做情报工作的经验，最终中了敌人的诡计！

廖业红视死如归（绘图）

陈玉阶连夜审讯，廖业红供认不讳地说：“我早做了牺牲的准备，我虽然年轻，但对得起人民。你们也别想问我什么，更别想叫我干什么，我只要求快给我一颗子弹！”说罢，双目紧闭，任凭陈玉阶如何审问，她一句不答，视死如归。

陈玉阶知道再也审不出什么，利用她也很难，便命几个卫兵：“拉出去！”廖业红被绑在树上，匪兵们无法理解她的胆量从何而来，更不会了解她内心执着的信念从何而来。随着一颗罪恶子弹的射出，廖业红献出了16 岁的年轻生命。

（三）胡小五演绎悲壮歌

胡小五，15 岁，原是丁家埠列宁小学少先队大队长，又是洪家大山独立营通信员。

洪家大山面积很大，山高林密，沟壑纵横，是六区独立营的根据地。1934 年红二十五军北上抗日后，大别山苏区被敌人分割成无数块小根据地，唯有洪家大山根据地还比较完整。独立营营长方藻生身负重伤。为了保存力量，他命令独立营分成三个战斗分队，分散到敌人后方活动，他和通讯员胡小五在南红石岩下的山洞里养伤。敌人多次“围剿”搜山，均未发现此洞。但由于敌人封锁严密，不但医药难以寻到，吃食也越来越困难，只能靠胡小五采些野菜山果充饥。更让方营长放心不下的是三个小分队分散活动后，一点消息也没有。胡小五看到方营长那严重的伤势和一天天消瘦下去的身体，经常偷着流泪。

方营长实在耐不住，他写了一封信，要胡小五送给南庄畈交通员王大和，想了解独立营分散活动的消息，并搞点食盐和粮食。方营长将信放在胡小五袜底下面藏着。可当胡小五下山过门坎山封锁线时，被敌人发现。信还是被搜去了。敌人得到这个情报，惊喜若狂，立即向上级汇报。敌二十五路军司令梁冠英派特务营营长张天阁率领全营，来到门坎山碉堡，要胡小五带路，抓捕方营长，进而一举全歼红军独立营。

胡小五与敌人同归于尽（绘图）

胡小五自知灾难临头，又无法逃脱，便带着敌特务营在洪家大山转了一整天，把敌人累得筋疲力尽，连方营长的影子也未见到。敌营长气得暴跳如雷，一个劲地用皮鞭抽打胡小五，并声言：再有两个小时抓不到方营长，就要枪毙他。胡小五心想：自己牺牲倒无所谓，老是这么带敌人在山上转，洪家大山的地形被敌人摸清楚了，会影响独立营以后的活动。

他对张天阁说："你们别打我了，我带你们找方营长！"

张天阁哈哈大笑道："你小子早这么明白，不就省得吃我皮鞭了吗？"

胡小五说："我现在明白了也不迟！走吧。"

胡小五把敌人带到北红石岩，下面是个深不可测的大水潭，胡小五用手指着前方，对张天阁说："方营长就在那里！"说着，胡小五猛抓着敌军营长腰间的皮带，纵身向岩下跳去，和敌军营长同归于尽！胡小五用他15岁的短暂生命，谱写了一曲悲壮的青春赞歌。

（四）杜志强血染大油寨

杜志强（1920—1933）原名杜德昂，金寨桃岭桐岗七里冲杜家湾人，是皖西地区二路游击师的重要创始人之一杜昌甫的长子，是乡儿童团团长；面对敌人严刑逼供，坚贞不屈，为革命献出了年仅13岁的生命。

杜志强是桃岭桐岗列宁小学4年级学生，虽然年纪很小，但很懂事，机灵有胆识，是乡童子团团长兼中共赤城（今金寨西部地区的双

杜志强画像

河、桃岭、汤家汇等）县委交通员，对敌人封锁线了如指掌。

杜志强父亲杜昌甫善于带兵打仗，敌人畏之如虎，故有“杜老虎”之称。在他教育熏陶下，杜志强组织领导全乡少年儿童，成立8个大队。有宣传队，到处唱歌演戏，宣传革命道理。有侦查队，站岗放哨，侦查敌情，盘查行人监视地主劣绅和民团活动等等。

杜志强还是红军中小有名气的红色交通员。化装侦察敌情，为苏维埃政府悄悄送信、给红军和游击队传递情报。因为各项工作开展得有声有色，大人们都非常喜欢他。

一次，赤城县委在双河山余老庄开会。坏人向洪家湾的敌人五十四师告密，敌两个团分东西路向双河进攻。在杨桃岭放哨、监视敌人的杜志强，一看大批敌人向双河方向出动，立即抄小路，连翻几座山岭，赶回报信。当他赶到双河山时，敌人也快到双河。杜志强考虑要是跑到余老庄，敌人也可能立即赶到，他急中生智，跑到双河山大庙里，拉起撞杆，猛撞大铁钟。

“当……当……”余老庄开会同志听到双河大庙阵阵紧急钟声，知道是报警有敌情。大家立即向后山林里隐蔽起来。

道教胜地：双河观

敌人赶到余老庄，搜了个遍，也没搜出一个人影。

在几年前，中共鄂豫皖省委书记沈泽民有紧急任务要到商城去检查部署工作。中共赤城县委决定派一个班武装护送。沈泽民考虑在路途中，敌人设有多道封锁线，周围又有敌人重兵把守，靠武装护送，危险性更大，他要求和一位地形熟悉的同志化装成老百姓，以做小生意为名混进城去。

县委觉得沈泽民意见可行。杜志强听说这件事，跑到县委坚决要求执行任务。县委书记张泽礼想到上次道委书记郭述申去商城就是杜志强带路，任务完成得很出色，但毕竟年龄大小，不知沈书记同意不同意。他将有关情况向沈泽民作了汇报，没想到他当即欣然应允。其实，沈泽民平时就很喜欢杜志强。一次，自己爱人、时任红军彭杨学校政治部主任的张琴秋由金家寨去麻埠，就是杜志强带的路，过了敌人封锁线，安全抵达。

当夜，杜志强拎着一篮子咸鸭蛋掩护沈泽民出发了，翻山越岭，从敌人封锁线缝隙里钻，经过一夜行程，第二天上午，到达商城。正要进城门，突然，两个敌人哨兵上来盘查。杜志强怕沈泽民浙江桐乡口音误事，抢先指着他说："他是我父亲，是个哑巴，我们到城里卖咸鸭蛋。"沈泽民暗自佩服杜志强机智，便嗯嗯装哑巴，指手划脚，要进城卖鸭蛋。敌人搜身，也没有发现异常情况。杜志强很"殷勤"地对两个哨兵说："老总们辛苦了！"说着，从篮子里拿出几个咸鸭蛋，"给老总下饭，自家出的，不值几个钱。"哨兵见杜志强说话自然，是个小孩，口袋里还塞咸鸭蛋，放松了警戒："好吧，你们进去！""天黑之前可要出城，不然就关城门了里！"杜志强说"谢谢老总关照。"他迅速带沈泽民进城，直奔地下交通员刘二嫂家。刘二嫂夸奖杜志强："真是老子英雄儿好汉啊，将来一定又是一位好将领！"

在县英模大会上，赤城县委奖励杜志强一面写着"小英雄杜志强"的锦旗。从此杜志强的名字传遍了整个赤城县。

血染大油寨。人民爱戴志强，可敌人也十分痛恨杜志强。1932 年

10月，一次战斗中，双河地区民团头目冯国梁的弟弟冯国柱被杜昌甫二路游击师活捉了。冯国梁通过密报，从杜昌甫亲戚家抓走杜志强和他的妈妈冯长茹，妄图以夫妻、父子之情软化杜昌甫。

面对敌人严刑逼供，杜志强坚贞不屈，拒不说出游击队活动地方。冯国梁无计可施，便对外放出消息："只要杜昌甫放了我弟弟和不再干共党，我就放了他的妻儿。"并假惺惺地先放了冯长茹。

杜昌甫毫不动摇，气愤无比地说："我要干一辈子的共产党，决不中途而废。妻儿就是死了，那是为革命而死，是光荣的！"

冯国梁见阴谋破产，又使出更为毒辣的奸计。

1933年12月，他侦察得知杜昌甫游击师在大油寨活动，清早就带着民团和国民党十一路军五十四师的两个团，悄悄地布下包围网。一个大雪纷飞的早晨，侦探向冯国梁报信："游击师在大油寨！"他欣喜若狂，连忙集中民团，并邀敌戴民权五十四师派一个营一齐向大油寨袭涌而来。

可这方圆几十里，有悬剑山、小油寨、雀子坳等大山，山连山，峰连峰，山大林密，游击师在哪里？

敌营长怕挨"黑枪"，要冯国梁民团先上山去搜。这下难住了冯国梁，上山去搜吧，保不住挨"黑枪"。不去吧，又怕国军说他装熊。正在为难，他忽然想起用杜志强作诱饵让游击师上钩。

他带着杜志强，顺着大油寨四周转，叫团丁大喊："杜昌甫，冯团长给你送儿子来了，快派人来领吧！""杜昌甫，快出来吧，再不出来，你老杜家可就绝种了！"可从早上到下午，大油寨转了大半，也没见到游击师的影子。

冯国梁还假惺惺对杜志强说："外甥，只要说出游击师在什么地方，我明天就送你回去，还送你到县城读书。你聪明，将来你做了大官，杜家光彩，我这个舅舅脸上也有光呀！"

还没等他说完，杜志强就大声喝斥道："不要说了！不认识你这个舅，我不是你外甥！你是我们穷人的死对头，红军早晚要把你们都消灭掉的！”就这样，杜志强坚决回绝了冯国梁几次软硬兼施的诱骗。

冯国梁威胁杜志强：“丑子（杜志强乳名），快叫你爸派人来领你，不然我就杀了你！”

杜志强挺起胸膛，毫不示弱地说：“你们别打我的主意，有本事你们自己去找红军去！”杜志强骂他是“吃人的野兽”。

冯国梁气得暴跳如雷：“我就不信你是个撬不开嘴的铁罗汉。”便叫来几个凶神恶煞般的打手，皮鞭棍棒，一齐落在杜志强身上。冯国梁逼问：“小丑子，你说不说？不说，我真杀了你！”

一滴，一滴，小英雄的鲜血染红了白雪。“杀也好，剐也好，随你便！红军会找你算帐的，你想叫我说出红军在哪里，办不到！”

风雪狂舞，毒打、寒冷交织在一起。杜志强被摧残的遍体鳞伤，穿着一件被鲜血染红的破乱单衣，打着赤脚在雪地里，一道红色脚印向前延伸。

杜昌甫和游击师战士们在山上瞅得心里楚痛，义愤填膺地一致要求杜师长下命令救人。杜志强的小叔杜立光、舅舅冯兵等，更是要求单人去营救。

国防大学研究生学员在杜志强安葬的双河革命烈士纪念园开展现场教学

杜昌甫满眼含泪地稳住大家："同志们，敌人就是想利用我们一时感情冲动，盲目下山，好一网打尽啊，正中他们奸计。我们无论如何都要冷静！"

冯国梁夺过团丁手中的刀，抓住杜志强的耳朵，凶残地说："你再不喊，我就先割了你的耳朵！"

杜志强虽然年龄小，但早已识破冯的诡计，拒不喊话。他厉声痛斥："不喊，不喊，杀我也不喊！"

杜志强拒绝喊话，使冯国梁恼羞成怒，用刀将小英雄的左耳朵割掉。

可杜志强咬紧牙关，象大别山青松一样矗立在雪地，怒视着敌人。鲜血从头部涌流出来，又染红了大别山厚厚的雪地。

冯国梁见小志强没有一点示弱，就命令团丁扒光杜志强的衣服，拿着盒子枪嚎叫："你再不喊，我就毙了你！"

冯国梁最后把杜志强带到雀子坳上。面对群山，小志强高亢激昂地喊："爸爸！你们要藏好，千万别下山，白狗子诈骗你！""红军叔叔们！你们不要出来。打倒冯国梁！红军万岁！"

冯国梁气得浑身发抖，又一次兽性大发，一枪将杜志强打倒在雪地里。

夜幕降临，杜昌甫和战友们来到杜志强的遗体旁，站在染红的雪地上，向小英雄默哀、告别。杜昌甫颤抖地抚摸着儿子冰冷的尸体，悲痛欲绝："丑子，你是爸爸的好儿子，是革命的好后代！"

史河水流淌作歌，大别山立地为碑。杜志强，为了革命事业，匆匆地走完了13岁的人生。小英雄壮烈牺牲了，他的事迹传遍了整个鄂豫皖苏区。

1958年12月，毛泽东主席观看梅山水库大坝模型

第六篇　大别山精神永放光芒

大别山区是马克思主义传播和党组织建立最早的地区之一，是中国革命的重要策源地、人民军队的重要发源地，土地革命时期先后爆发了黄麻起义、立夏节起义、六霍起义，诞生了中国工农红军第十一军、第二十五军、第二十八军等10多支成军建制的人民军队，组建了红四方面军。抗日战争爆发后，国共两党合作，南方八省14个地区的红军游击队改编为新四军，这里又先后组建了新四军第四支队和新四军第五师。大别山区还是解放战争“中原突围”和刘邓大军千里跃进的战略要地。大别山区是在党的领导下，紧紧依靠人民群众建立和发展起来的中国革命摇篮之一，是全国为数不多的、22年武装斗争持续不断、28年革命红旗不倒、始终高高飘扬的重要根据地。

新中国成立以后，为根治淮河水患，又在大别山区修建了梅山、佛子岭、响洪甸等五大水库，建起了人间天河——淠史杭水利工程。改革开放以来，为实现持续、协调、健康发展，国家又划分了生态功能区。大别山区作为重要的水源涵养地、绿色的生态保护屏障，经济发展受到限制，老区人民为了国家建设和发展又一次做出巨大的牺牲和奉献。

1960 年，邓小平视察梅山水库大坝

在波澜壮阔、烽火连天的峥嵘岁月里，以金寨、红安、新县为代表的大别山人民，铸就了“坚贞忠诚、牺牲奉献、一心为民、永跟党走”的大别山精神。大别山精神和井冈山精神、延安精神、西柏坡精神、沂蒙精神一起，都是党和人民宝贵的精神财富，都是中国共产党精神谱系的重要组成部分。

一、坚贞忠诚是大别山精神的核心本质

无论是在革命的初始阶段、高潮时期，还是在革命遭受挫折的危急关头，大别山军民始终对党无比热爱、无比忠诚。面对敌人的反复“围剿”“清剿”，大别山军民义无反顾地坚持革命斗争不动摇，临危不惧，初心不改，用鲜血和生命捍卫着红色政权；面对第四次反“围剿”

失利、红军主力撤离的严峻形势，大别山人民依然积极响应党的号召，顽强坚持敌后游击战，保证了革命红旗不倒、薪火相传；面对敌人的残酷迫害、血腥镇压与威逼利诱，广大党员、群众始终大义凛然、誓死不屈，在生与死、血与火的考验面前，舍生取义、视死如归；面对组织的误解和蒙受的冤屈，革命先烈们凭着对马克思主义的坚定信念、怀着革命必胜的信心，生命不息、战斗不止。

金寨梅山水库

艰难方显本色，曲折愈显忠贞，这就是大别山精神的核心所在！正是因为对党的无比忠诚，才使大别山的革命星火燃遍全国、革命事业不断走向胜利。

二、牺牲奉献是大别山精神的鲜明特征

革命战争年代，大别山区 200 多万人民投身革命，近 100 万人为国捐躯。仅金寨县就牺牲了近 10 万人，占当时全县总人口的百分之四十。中华人民共和国成立后，被追认为革命烈士的就有 11000 多人，占安徽省烈士总数的五分之一。涌现出像刘仁辅、桂月峰、袁成松这样几代英烈、满门忠烈的典型。

在漫长的革命岁月里，大别山人民节衣缩食、积极奉献，把最后

一粒米拿去做军粮，把最后一块布拿去做军装，把最后一个儿子送上战场，以巨大的牺牲换取了中国革命的胜利。

金寨响洪甸水库（现为将军湖）大坝

社会主义建设时期，大别山人民为根治淮河水患，仅金寨县就修建了梅山、响洪甸两大水库，淹没了3大经济重镇、10万亩良田、14万亩经济林，10万群众离开故土、移居深山。

无论是在革命战争年代，还是在和平建设时期，舍小家、顾大家都是大别山军民的自觉行动，勇于牺牲、甘于奉献一直都是大别山精神的最鲜明特征。

三、一心为民是大别山精神的根本所在

无数先烈闹革命、打天下、求解放的最初目的，就是为了让广大人民有饭吃，能够过上好日子。大别山区党组织和苏维埃政府从诞生之日开始，就一直坚持全心全意为人民服务的宗旨，始终与人民群众同甘共苦、患难与共，想群众所想、急群众所急，把百姓冷暖温饱放在心上，从最具体、最直接的事情做起，真真切切地、实实在在地解决群众的困难和问题。

为了使贫苦农民能够获得梦寐以求的土地，党领导广大军民建立红色政权，打土豪、分田地，开展轰轰烈烈的土地革命；为保卫和巩固鄂豫皖苏区、改善群众生活，党和苏维埃政府制定一系列经济政策，努力发展根据地经济，千方百计地帮助群众搞好生产；为解决根据地内劳动力缺乏问题，党领导农民群众建立劳动互助社、耕田队、换工队、耕牛站、耕牛合作社等互助合作组织，建立红军公田制度，帮助群众克服困难、发展生产。

2018 年，金寨县城大别山桥（双向 6 车道）正式建成通车

四、永跟党走是大别山精神的永恒主题

早在 1920 年，大别山区就成立马克思主义学习小组，1921 年就建立党组织。土地革命时期，大别山区相继爆发了著名的黄麻起义、立夏节起义和六霍起义，先后组建 50 支主力红军队伍，其中金寨就组建了 12 支主力红军队伍，位居全国第一。

在长期的革命斗争中，大别山军民精诚团结、浴血奋战，面对困难和危险，他们坚忍不拔、百折不挠，为中国革命的胜利建立了彪炳史册的功勋。

在红四方面军撤离鄂豫皖的艰难时期，一些被分散安置的红军战士，对党、对军队依依不舍，一直从大别山跟到川陕。

三年游击战争期间，在与党中央失去联系、被敌人分割包围的情况下，红二十八军紧紧依靠大别山人民，在极端困难的环境中，拼搏奋战、辗转迂回，坚持了艰苦卓绝的革命斗争，留住了革命火种、保存了革命实力，使大别山上的革命红旗永远高扬！

金寨火车站

长征期间，在张国焘分裂党、分裂红军的危急关头，红四方面军广大将士与其进行了坚决的斗争，保证了党对人民军队的绝对领导，体现了人民军队对党的无限忠诚。

西路军广大将士不畏强暴，与顽敌进行了殊死搏斗，一些被打伤打散的红军将士，怀着一定要“找到部队、回归组织”的坚定信念，历经千辛万苦、沿途乞讨回到陕北。

在大别山区，有很多整村整庄、整个家族都参加革命、血洒疆场的红色典型，有很多家庭一家几代都参加红军。为了革命的胜利，他们前仆后继、英勇献身。漫长的斗争历程、无数的革命史实，见证了大别山人民不屈不挠、永跟党走的坚定信心和顽强意志。

自从有了共产党，大别山人民就自觉地听党指挥、听党召唤、永跟党走！这既是大别山精神的难能可贵之处，也是必须长期坚持、永远不变的主题。

大别山精神是一面鲜红的旗帜，在团结人民、战胜敌人、征服困难、取得胜利的长期革命斗争中发挥了不可替代的作用。在革命年代，大别山精神坚定了党和人民群众的信仰，汇聚成一股强大的革命力量，推动中国革命顺利前行直至取得最后胜利。在建设时期，大别山精神是党带领人民继往开来、实现中华民族伟大复兴的重要法宝，是凝聚民心士气、振奋民族精神的强大动力。

金寨县城新貌

新时代继承并弘扬大别山精神，既是对大别山区军民为了中国革命胜利和社会主义建设成功所做的巨大牺牲和无私奉献的充分肯定，也是协调推进“四个全面”战略布局、积极践行“五大发展”理念、全面贯彻习近平新时代中国特色社会主义思想、巩固革命老区脱贫攻坚成果、加快乡村振兴步伐的需要。

夺取中国革命和建设的胜利、实现第一个百年奋斗目标离不开大别山精神，砥砺前行、实现第二个百年宏伟目标同样离不开大别山精神。伟大的大别山精神必将在新时代的伟大征途中放射出更加灿烂的光芒！

沪汉蓉快速铁路、合武高速公路穿越金寨

参考文献

［1］中共中央党史研究室．中国共产党历史（第一卷）［M］．北京：中央党史出版社，2011.

［2］中共中央党史研究室．中国共产党历史（上卷）［M］．北京：人民出版社，1991.

［3］中共河南省委党史研究室，中共安徽省委党史研究室．鄂豫皖革命根据地史［M］．合肥：安徽人民出版社，1998.

［4］中国工农红军第四方面军战史编辑委员会．中国工农红军第四方面军战史［M］．北京：解放军出版社，1989.

［5］中国工农红军第二十五军战史编委会．中国工农红军第二十五军战史［M］．北京：解放军出版社，1990.

［6］金寨红军史编辑委员会．金寨红军史［M］．北京：解放军出版社，2005.

［7］中共六安地委党史研究室．皖西革命史［M］．合肥：安徽人民出版社，1987.

［8］江焕启．红军源［M］．合肥：安徽人民出版社，2016.

［9］金寨县革命史编委会．金寨县革命史［M］．合肥：安徽人民出版社，1991.

［10］金寨县志编委会．金寨县志［M］．上海：上海人民出版，1992.

［11］中共金寨县委党史办公室．中国人民解放军金寨县将军传［M］．合肥：安徽人民出版社，2005.

［12］张仁衮．抗美援朝战场上的金寨人［M］．合肥：安徽人民

出版社，2016.

[13] 洪学智．洪学智回忆录［M］．北京：解放军出版社，2007.

[14] 闫荣安．红星闪耀［M］．合肥：安徽人民出版社，2016.

[15] 台运行．大别山红军战歌［M］．合肥：安徽人民出版社，2006.

[16] 陈宏．陈宏回忆录［M］．兰州：兰州大学出版社，2000.

[17] 胥佩兰．肖全夫征程记［M］．北京：中国戏剧出版社，1996.

[18] 福建省新四军历史研究会．皮定均一生［M］．北京：中央文献出版社，2014.

[19] 商南起义编委会．商南起义［M］．北京：中共党史资料出版社，1989.

[20] 六霍起义编辑委员会．六霍起义［M］．北京：中共党史资料出版社，1989.

[21] 涂治炎．红二十五军从金寨到陕北［M］．合肥：安徽人民出版社，2009.

[22] 金寨县革命博物馆陈列资料．

[23] 金寨县党史县志档案局内部资料．

后　记

在编委会和编写组的专家学者们共同努力下，《话说红色金寨》在广大读者的殷殷期盼中如期出版！

《话说红色金寨》由五位同志撰稿。第一篇《燎原星火燃金寨》：檀江林；第二篇《两大起义震神州》：胡遵远、曹能求、李业坤；第三篇《红军队伍扬威名》：胡本昌；第四篇《璀璨将星耀中华》：胡遵远；第五篇《革命英烈垂千古》：台运行、李业坤；第六篇《大别山精神永放光芒》：胡遵远、檀江林。胡遵远、檀江林负责统稿，并承担了大量资料、图片收集和书稿查证核实工作。《话说红色金寨》在第五次印刷时，李业坤又进行了补正。

本书从创意策划到定稿成书，历时一年半。参与编写的同志严守绳墨、力戒浮华，分别查阅了众多的党史著述和文献资料。初稿形成后，先后进行了近十次集体会审修改，由初稿16万字充实扩写到20万字，后又删繁就简、去粗取精，最后定稿23万余字。

为有效提升本书的可读性与视角效果，我们重新拍摄了180余幅党和国家领导人题字题词以及反映金寨革命历史的资料图片，其中包括全国重点文物保护单位七幅极其珍贵的图片，力求文字、图片相辅相成、相得益彰，更好地满足广大读者的不同需求。

值得我们欣慰的是，在本书付梓之际，中共中央办公厅、国务院办公厅联合印发了《关于实施革命文物保护利用工程（2018—2022年）的意见》，明确提出“推动革命传统教育进学校进教材进课堂”等要求。这无疑是对我们极大的鞭策和激励。

在《话说红色金寨》编写过程中，我们得到了安徽省社会科学界联合会的大力支持和鼓励，省社科联党组书记、常务副主席马雷同志对书稿提出了“权威、准确、新颖”的总体要求；社科联学会工作处程继新处长全程指导我们选题立项，《话说红色金寨》书稿编成后，程处长又先后三次提出修改完善意见，为本书付出了大量心血；合肥工业大学出版社原总编辑钟玉海教授，安徽省地方党史著名专家苗键、胡北在其书案文稿叠累、工作繁忙之中，利用早晚时间、放弃节假日休息，为本书构思谋篇并字斟句酌，提出了诸多精确的修改意见；合肥工业大学出版社何恩情编辑付出了大量辛勤的劳动；金寨县党史县志档案局、金寨县革命博物馆为书稿提供了丰富的资料和图片，汪家广、乐登高、任少松、李玉迪、江敏等同志为我们提供了大量的帮助和支持。海南大学法学院檀明同学牺牲了整个暑假时间对全部 100 多张图片进行了美化处理，并进行两个轮次的文字校对勘误工作。

在本书编写过程中，我们从有关文献和网络资料中吸取了诸多滋养。在此，向所有关注、支持本书出版和提供资料、图片的单位、个人一并表示诚挚的谢意。

中共金寨县委、金寨县人民政府对本书的出版发行十分重视，并给予大力支持与鼓励。金寨县梅山镇党委、政府，金寨县盆景兰花根艺玉石奇石协会会长李光明先生，为本书提供了支持与帮助，在此一并表示衷心的感谢！

近年来，特别是党的十八大以来，红色读物竞相吐芳、百花争艳。本书虽不敢说后出转精，但确为集思广益、博采众长的读物之一。

金寨革命传统文化资源丰实厚重，由于我们学识有限，书中仍有疏漏和不足之处，鹤望广大读者不吝赐教。

曹能求

2021 年 9 月